当代跨境电商发展研究与探索

马潇野　著

中国纺织出版社有限公司

内 容 提 要

本书主要内容包括：跨境电商的发展现状与发展探究、跨境电商发展策略、跨境电商物流发展与探索及跨境电子商务支付与结算。

本书可供跨境电商行业相关从业人员参考阅读。

图书在版编目（CIP）数据

当代跨境电商发展研究与探索 / 马潇野著. -- 北京：中国纺织出版社有限公司，2022.6

ISBN 978-7-5180-9104-1

Ⅰ. ①当…　Ⅱ. ①马…　Ⅲ. ①电子商务—产业发展—研究—中国　Ⅳ. ① F724.6

中国版本图书馆 CIP 数据核字（2022）第 061394 号

DANGDAI KUAJING DIANSHANG FAZHAN YANJIU YU TANSUO

责任编辑：范雨昕　　责任校对：楼旭红　　责任印制：何　建

中国纺织出版社有限公司出版发行
地址：北京市朝阳区百子湾东里A407号楼　邮政编码：100124
销售电话：010—67004422　传真：010—87155801
http://www.c-textilep.com
中国纺织出版社天猫旗舰店
官方微博 http://weibo.com/2119887771
三河市宏盛印务有限公司印刷　　各地新华书店经销
2022年6月第1版第1次印刷
开本：710×1000　1/16　印张：10.5
字数：156千字　定价：88.00元

前　言

随着经济全球化和大数据、云计算等信息技术的高速发展，传统的外贸进出口模式已经无法满足对外贸易的发展需求。近年来，电子商务开始逐步渗入国际贸易的各个环节，而跨境电商这一在全球迅猛发展的新兴事物，作为外贸经济发展的新增长点和拉动外贸发展的新引擎，借助互联网和对外贸易的相互渗透及有机融合，因其高效、开放、便捷和低门槛的独特优势而受到我国进出口企业及消费者的青睐。

近年来，国务院和相关部委密集出台一些政策鼓励跨境电商发展，不断改革创新对外贸易的监管方式，不仅批准了跨境电商试点城市，还推出新的海关监管代码，批准杭州成为跨境电商综合试点城市，这为跨境电商的发展提供了良好的机遇。但是在实际发展中，我国的跨境电商还存在一些问题。这就需要加强对跨境电商的理论研究，从而更好地促进实践的发展。

本书主要包括以下内容：第一章概述，对跨境电商的特点和作用、发展历程进行分析；第二章跨境电商的发展现状与发展探索，对跨境电商的主要模式、当前存在的问题与机遇、跨境电子商务支撑体系、跨境电子商务零售进口监管政策的调整、跨境电子商务对自主品牌培育的带动作用及跨境电商综试区评价体系构建进行了研究；第三章跨境电商发展策略；第四章跨境电商物流发展与探索；第五章跨境电子商务支付与结算。

本书在撰写过程中参考了许多专家学者的研究成果，在这里一并向他们表示感谢。由于作者学术水平有限，本书在内容上难免有所不足，希望能与各位读者进行交流，共同促进本书的完善。

作者

2022年1月

目　录

第一章　概述………………………………………………………………………… 001
第一节　跨境电商的特点和作用 ………………………………………… 001
一、跨境电商的含义 ………………………………………………… 001
二、跨境电商的特点 ………………………………………………… 002
三、跨境电商的流程 ………………………………………………… 002
四、跨境电商的重要性 ……………………………………………… 003
第二节　跨境电子商务的理论基础 ……………………………………… 004
一、分工理论 ………………………………………………………… 004
二、协同理论 ………………………………………………………… 006
三、比较优势理论 …………………………………………………… 009
第三节　跨境电商的发展历程 …………………………………………… 016
一、第一阶段（1999～2003年）……………………………………… 016
二、第二阶段（2004～2013年） …………………………………… 017
三、第三阶段（2014年至今） ……………………………………… 017

第二章　跨境电商的发展现状与发展探索……………………………………… 019
第一节　跨境电商的主要模式 …………………………………………… 019
一、跨境电商的交易模式 …………………………………………… 019
二、综合试验区跨境电商创新模式 ………………………………… 020
三、海外跨境电商平台 ……………………………………………… 028
第二节　跨境电商当前存在的问题与机遇 ……………………………… 030
一、跨境电商当前存在的问题 ……………………………………… 030
二、跨境电商的时代机遇 …………………………………………… 032
第三节　跨境电子商务支撑体系研究 …………………………………… 035
一、跨境电子商务的交易和支付模式概述 ………………………… 035

二、跨境电子商务的通关流程概述 …… 039
三、跨境电子商务的物流模式分析 …… 039
四、跨境电子商务海外仓储状况分析 …… 041
第四节　跨境电子商务零售进口监管政策的调整 …… 045
一、解读《通知》具体内容和要点 …… 045
二、跨境电商综试区工作建议 …… 046
三、跨境电子商务信用的监管与奖惩 …… 049
第五节　跨境电子商务对自主品牌培育的带动作用 …… 052
一、中国自主品牌的发展现状 …… 052
二、跨境电子商务对自主品牌培育的带动作用 …… 055
第六节　跨境电商综试区评价体系构建 …… 059
一、评价体系构建 …… 059
二、应用价值 …… 062

第三章　跨境电商发展策略 …… 063
第一节　跨境电子商务的营销战略 …… 063
一、跨境电子商务的定价策略 …… 063
二、跨境电子商务的报价策略 …… 065
三、跨境电子商务的渠道策略 …… 068
第二节　跨境电子商务客户关系管理策略 …… 069
一、跨境电商客户关系管理的作用 …… 070
二、跨境电商客户的特点 …… 071
三、跨境电商客户管理策略 …… 072
第三节　跨境电商的品牌策略 …… 075
一、跨境电子商务的品牌建设路径 …… 075
二、跨境电子商务的品牌定位 …… 076

第四章　跨境电商物流发展与探索 …… 078
第一节　跨境电商物流概述 …… 078
一、跨境电商物流的定义 …… 079
二、跨境电商物流业的范畴 …… 079

三、跨境电商物流的主要模式 …… 079
四、跨境电商供应链与跨境电商物流 …… 080
五、跨境电商物流规则及退货 …… 083
第二节 跨境电商物流行业的发展 …… 094
一、跨境电商物流行业发展历程 …… 094
二、跨境电商物流行业发展现状 …… 094
三、跨境电商物流行业发展趋势 …… 095
第三节 跨境电商出口物流方式 …… 095
一、国际地区间邮政包裹 …… 095
二、国际商业快递 …… 102
三、专线运输 …… 103
四、海外仓储 …… 104
第四节 跨境电商进口物流方式 …… 105
一、我国进口跨境电子商务的运输方式和途径 …… 105
二、我国进口跨境电子商务物流模式 …… 105
三、跨境电商保税仓物流服务发展现状及存在的问题 …… 107
四、跨境电商保税仓物流服务质量评价指标体系的构建 …… 113

第五章 跨境电子商务支付与结算 …… 131
第一节 国内跨境电子商务支付与结算平台分析 …… 131
一、支付宝的跨境电子商务支付与结算分析 …… 131
二、微信跨境电子商务支付与结算分析 …… 134
三、连连支付的跨境电子商务支付与结算分析 …… 135
第二节 国外跨境电子商务支付与结算平台分析 …… 139
一、PayPal跨境电子商务支付与结算分析 …… 139
二、Western Union跨境电子商务支付与结算分析 …… 140
三、其他国外平台跨境电子商务支付与结算分析 …… 142
第三节 跨境电子商务支付与结算金融分析 …… 146
一、跨境电子商务支付与结算金融 …… 146

二、跨境电子商务支付与结算金融因素分析 …………………… 147
三、跨境电子商务支付与结算的金融风险及应对 ……………… 151

参考文献 …………………………………………………………………… 156

第一章　概述

第一节　跨境电商的特点和作用

一、跨境电商的含义

跨境电商的全称是跨境电子商务，指通过电子商务平台达成交易、进行结算，并通过跨境物流送达、完成交易的一种国际商业活动。

在我国，跨境电商特指跨境电子商务零售出口（不含进口），具体是指我国出口企业通过互联网向境外零售商品，主要以邮寄、快递等形式送达的经营行为，也就是跨境电子商务企业对境外消费者的出口。根据中华人民共和国海关总署〔2014〕12号文件规定，跨境电商在海关的监管方式代码为9610。跨境电商的含义具体体现在以下三个方面。

第一，买卖双方分属不同关境。关境的全称是海关境域，也可以称作税境。它是指实施同一海关法规和关税制度的境域，是一个国家或地区行使海关主权的执法空间。一般情况下，关境等于国境，但不是绝对的。鉴于此，买卖双方分属不同关境，可以通俗地理解为商品销售是要“过海关”的。

第二，需要通过跨境物流送达。商品过海关需要通过跨境物流递送才能最终达成交易，因此它属于一种国际商业活动。

第三，跨境电商有各种不同分类。

二、跨境电商的特点

（一）直接性

跨境电商通过外贸B2B、B2C平台，能够实现境内外企业之间、企业和市场之间的直接联系，买卖双方直接产生交易。

（二）高频度

跨境电商具有直接交易和小批量的特点，再加上跨境电商跳过一切中间环节与市场实时互动，就注定其具有即时采购的特点，交易频率大大超过传统外贸行业。

（三）小批量

跨境电商的批量很小，甚至可能只有一件商品。这就大幅扩大了消费面、降低了平台的销售门槛，因此其销售灵活性是传统外贸大批量采购、集中供应所无法比拟的。

（四）高盈利率

跨境电商由于采用点对点交易，跳过一切中间环节，所以看似最终售价降了不少，但盈利率却比传统外贸行业高出几倍。

三、跨境电商的流程

大致来看，跨境电商出口的流程为：出口商/生产商将商品通过跨境电子商务企业（平台式或自营式）进行线上展示，在商品被选购下单并完成支付后，跨境电子商务企业将商品交付给境内物流企业进行投递，经过出口国和进口国的海关通关商检后，最终经由境外物流企业送达消费者或企业手中，从而完成整个跨境电商交易过程。在实际操作中，有的跨境电商企业直接与第三方综合服务平台合作，让第三方综合服务平台代办物流、通关商检等系列环节的手续。也有一些跨境电商企业通过设置海外仓等方法简化跨境电商部分环节的操作，但其流程仍然以上述框架为基础。跨境电商进口的流程除方向与出口流程的相反外，其他内容基本相同。

由此可以看出，跨境电商兼具一般电子商务和传统国际贸易的双重特性，其贸易流程比一般电商贸易流程要复杂得多，它涉及国际运输、进出口通关、国际支付与结算等多重环节，也比传统国际贸易更需考虑国际展示和运营的电子商务特性。跨境电商在国际贸易领域也发挥着越来越重要的作用。

四、跨境电商的重要性

跨境电商发展至今，它改变了整个国际贸易的组织方式，概括来说其主要作用有以下几点。

（一）促进贸易要素多边网状融合

随着全球范围内互联网技术、物流、支付等方面的迅猛发展与逐步完善，基于大数据、云计算等信息技术的提升与挖掘，国际贸易中的商品流、信息流、物流、资金流等要素在各国间的流动变得更为合理和有效。跨境电商使各国间实现优势资源有效配置，提升购物效率和购物体验成为可能。消费者在A国的购物平台可以挑选来自全球的优质商品，选定后可以在B国的支付平台上结算，并选择C国的物流公司。跨境电商促进了贸易要素的配置从传统的双边线状结构向多边网状结构的方向演进。

（二）缩减国际贸易的贸易链条

传统国际贸易一般采取多级代理制，贸易链条较长，流通环节占用的利润较多，留给品牌、销售和金融等产业后端环节的利润相对较少，影响了产业的发展。跨境电商作为一种新型国际贸易组织模式，重塑中小企业国际贸易链条，实现多国企业之间、企业与小型批发商之间、企业与终端消费者之间及消费者之间的直接贸易，大幅缩减了贸易中间环节，提升了企业整体的盈利能力和竞争力。

（三）提升国际贸易组织方式的柔性

近年来，国际贸易的组织方式发生较大的变化，它已由过去以大宗集中采购、长周期订单、低利润运营的刚性组织方式逐渐向小批量、高频次、快节奏的柔性组织方式转变。跨境电商在信息、技术方面的优势使它比传统国际贸易更具灵活机动性，也使企业或消费者能够按需采购、销售或者消费，多频次的购买成为可能。

（四）扩充国际贸易的交易对象“虚实”兼顾

传统国际贸易的交易对象多以实物产品和服务为主，其品类扩展往往受限。但随着跨境电商的迅速发展，以软件、游戏、音像等为代表的虚拟产品由于不涉及物流配送，交易瞬间完成，正成为跨境电商新一轮贸易品类的重要延伸方向。但虚拟产品的知识产权保护、海关监管的缺失、关税的流失等问题也为跨境电商虚拟产品贸易的发展带来了新的挑战。

第二节　跨境电子商务的理论基础

一、分工理论

（一）导入案例

一家雇了10个人的生产别针的小工厂，每天却能生产出约12磅的别针。每磅有4000多枚中号别针。因此，这10个人每天能够制作出48000余枚别针，也就是说每人每天制作出48000枚别针的十分之一，即4800枚别针。但如果他们是分开来独立地工作，而且他们中间没有任何人曾受过这方面的专门训练，那么他们每人一天肯定做不出20枚，甚至一枚也做不出来。

而这样的效率这个小工厂是如何做到的呢？它把别针的生产分为18种操作，分由不同的专门工人担任。一个人抽铁线，一个人拉直，一个人切截，一个人削尖线的一端，一个人磨另一端，以便装上圆头。要做圆头，就需要有两三种不同的操作。装圆头，涂白色，乃至包装，都是专门的职业。

（选自亚当·斯密的《国富论》）

（二）分工理论与分工网络的形成

分工是指生产过程中的专业化，被视为人类社会发展的基础。围绕这一命题，经济学家已经做了大量研究工作，形成经济学中的分工理论。古典经济学家认为，分工和专业化是规模经济产生的主要原因，亚当·斯密曾用别针制造厂的例子来说明专业化和分工所带来的报酬递增现象。他把劳动分工作为提高劳动生产率，从而增加国民财富的一个重要原因。斯密认为“分工受市场范围的限制”，只有当某一产品或服务的需求随着市场范围的扩大增长到一定程度时，专业化的生产者才能出现和存在，并且随着市场范围的进一步扩大，分工和专业化的程度也将不断提高。斯密的经济理论逻辑是，交通状况决定着市场广狭，市场广狭限制着交换能力，交换能力又限制着劳动分工的程度，劳动分工的程度决定了一国的劳动生产力，一国的劳动生产力又是国民财富多寡的主要决定因素。

1928年，经济学家杨格发表了题为《收益递增与经济进步》的经典性论文（Young，1928），将斯密的分工思想做了进一步的发展，形成了后人所称的“杨格定理”。

通过大量关于分工组织的试错实验，人们可以获得更多关于分工组织的制度性知识，因此选择更有效的分工网络，改进交易效率，提高分工水平，使专业化知识得到积累和孵化，实现技术进步和经济增长。上述分工及其演进过程可以用图1–1表示。

图1–1中共有4家企业，每家企业需要4种产品；7表示交易产品的数目。在开始的时候，由于企业的生产规模都比较小，专业化水平低，自身积累也很少，没有办法支付高昂的交易费用，每家企业的生产结构都一样，生产率也没太大差别，这样其自身需要的4种产品都需要自己生产，交易的产品为0；这在交易效率低下时会是最优组织和均衡。随着时间的流逝，企业逐渐积累了一定的资金和专业技术，一方面在内部形成自身在某方面的技术优势，另一方面也能够支付一定的交易费用，交易效率上升，这样企业在比较交易带来的收益和交易费用之后就会选择从图1–1（a）所示的自给自足跳跃到如图1–1（b）所示的部分分工，每家企业生产3种产品，交易2种产品，这时每个企业的专业化水平上升，出现了2个市场，生产集中度也随之上升；初步的分工促使企业加

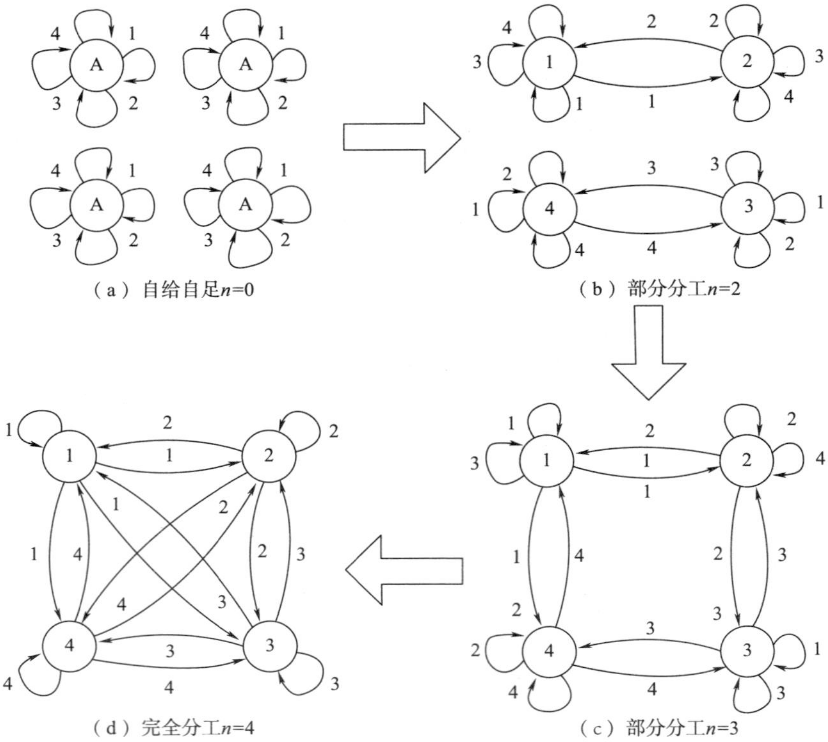

图1–1　分工及其演进

快发展速度，在技术积累和资金积累达到更高程度的时候，企业就会选择从图1–1（b）所示的部分分工到更进一步的如图1–1（c）所示的部分分工，即每家企业生产2种产品，结构内交易3种产品；一旦由分工带来的专业化收益超过现有结构决定的交易费用，完全分工最终必然会实现，分工网络必然会进化到图1–1（d）所示的完全分工，也就是每个企业生产1种产品，交易4种产品。这样，分工网络逐步形成。

二、协同理论

（一）导入案例

打火机是一个百多年的传统产品，20世纪50年代，欧洲是世界打火机市场的主宰，到了60年代，日本、韩国、中国台湾等地区以价格优势迅速取而代之，逐渐垄断了国际市场。到了80年代后期，温州打火机开始进入国际市场。

温州是目前世界上最大的打火机生产基地之一，温州打火机企业集群同样经历了一个萌芽、成长、成熟、升级的过程。

1. 萌芽阶段

温州打火机业起源于1987年，温州鹿城五金厂金朝奎等在上海师傅的帮助下研制组装出利用电池和变压器点火的电子明火打火机，开办了鹿城打火机厂。由于打火机产品供不应求，然后沿亲缘和近邻关系向外扩散，形成了几家打火机厂。

2. 成长阶段

1989～1990年，打火机企业不断增多，企业数量达到500多家，开始形成企业集群，打火机配件市场、销售市场开始形成。但产品基本上都是靠外购零配件组装，核心部件高压陶瓷电子都是从日本TDK公司进口，技术和利润受到限制，产品单一，集群内部分工开始起步。

3. 成熟阶段

通过学习和研究打火机生产技术，取得了关键性的技术突破。由于打火机外壳压铸技术的引入，能够生产各种形状的外壳，形成了产品差异化。打火机点火装置中的高压陶瓷电子的试制成功，替代了日本TDK公司的产品，从而实现了打火机中高科技核心部件的国产化。防风点火关键零件铂金丝的研制成功，标志着打火机关键技术全部突破，打火机产品及点火电子器销往世界各地。打火机的完整产业链构建完成，依靠低成本优势挤垮了国内其他地区企业。1992年，拥有2000多名职工的上海打火机厂倒闭。1994年，温州打火机行业的兴起，开始引起日本企业的关注，日本广田株式会社打火机生产设备引入温州，打火机产量迅速增加。1996年，广田公司停止打火机的生产，转到温州贴牌生产，韩国和欧美等知名打火机厂家纷纷到温州寻找贴牌生产厂家。生产技术进一步成熟，部分企业依靠管理在行业内脱颖而出，国际产业转移也基本完成。从集群的特点看，内部的分工协作体系也进一步完善。

4. 升级阶段

以2001年欧盟CR法案为标志，温州打火机业进入迎接国际规则挑战阶段。1994年美国实行CR法案，温州打火机全部被逐出美国市场，集群的发展曾经历了短暂的衰退。欧盟在2001年制定了针对抵制中国打火机的CR法规，即防止儿童开启装置。2002年6月28日，欧盟宣布对中国等国家的打火机实施反倾销调查，给温州打火机企业敲响了警钟，集群内企业面临迎接国际挑战，重新洗牌。目前，CAD、CAM技术在集群内广泛应用，产品进一步差异化，而且部分企业产品工艺品化。整个集群形成了关系紧密的相关零配件和原材料配套网络。

打火机虽小，价格也不高，却拥有世界范围的大市场。温州打火机企业集群中的企业规模普遍不大，任何一家企业自身的竞争能力都十分有限，但形成集群后，各个配套环节和分工体系非常完善，形成了极强的集群整体竞争力。温州打火机企业集群自组织协同运作网络如图1–2所示。

温州打火机企业集群系统的成功根源在于其社会化分工基础上的自组织协同运作机制。在温州打火机企业集群中，生产分工细密，打火机上的数十个零

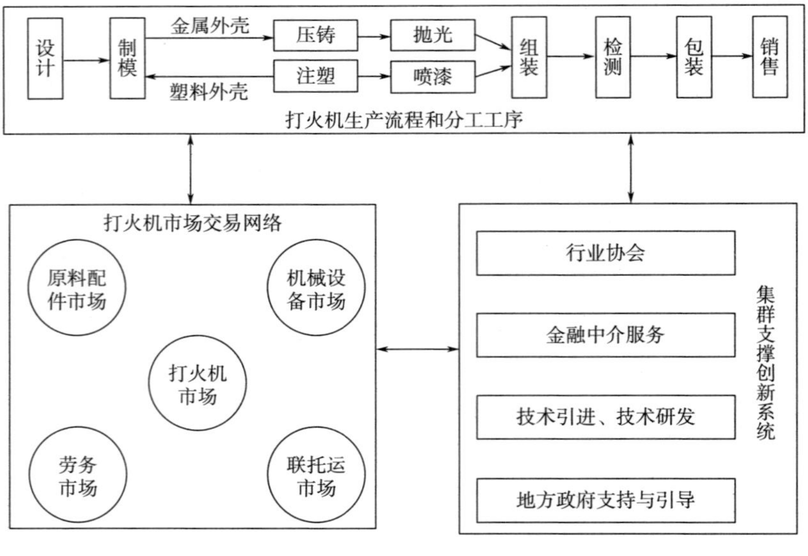

图1–2 温州打火机企业集群自组织协同运作网络

配件、一些加工环节以及相关服务行业和机构上的分工形成了专业化基础上的完整的产业链，创造了高效率的企业集群协作体系。集群内从事各个领域生产和经营的企业不断进行技术创新，寻求降低成本、提高质量的方法，关键技术难关相继攻克，不但替代了进口技术，而且带动了这些技术相关产业的发展。

（二）协同理论

协同的概念来源于德国著名物理学家哈肯（H.Haken）对激光现象的研究，他认为，一个由大量子系统构成的复杂系统，各子系统之间既存在着相互作用和影响，又存在着相互制约和协作，在一定条件下，由于这种相互作用和协作，系统就会形成具有一定功能的自组织结构。协同论是用复杂系统内各子系统之间相互作用，来说明系统自组织现象的观点、原则和方法。这一理论指出，系统的有序性是由诸要素的相互协同作用而形成的，是系统有序结构的内部作用结果。系统中大量子系统的协同作用，使系统整体出现各子系统所没有的系统属性和功能，整体的属性不等于内部各个子系统的简单之和，部分在整体中的协同作用能够产生新的能量。

三、比较优势理论

（一）导入案例

假设世界上只有两个国家：英国和葡萄牙。只有两种产品：呢绒和酒。生产1单位的呢绒，英国需要投入100单位劳动，葡萄牙则需要90单位；生产1单位酒，英国需投入120单位劳动，葡萄牙需要投入80单位劳动。投入不变的情况下共生产出2单位呢绒和2单位酒（表1–1）。

表1–1　英国和葡萄牙的生产成本表

项目	分工前		分工后	
	呢绒	酒	呢绒	酒
英国的劳动投入	100	120	220	—
葡萄牙的劳动投入	90	80	—	170
总产量	2	2	2.2（220/100）	2.215（170/80）

英国在生产酒和呢绒上的劳动投入都比葡萄牙多，但生产呢绒所投入的劳动是葡萄牙的1.1倍（=100/90），酒却是1.5倍（=120/80），表明英国在两种产品的生产上都处于绝对劣势，但是呢绒上的生产效率比酒要高，也就是说在生产呢绒上具有比较优势。从机会成本角度看，英国生产1单位的呢绒需要放弃100/120单位的酒，生产1单位酒需要放弃120/100单位的呢绒，生产呢绒的机会成本小；而葡萄牙生产1单位呢绒需要放弃90/80单位的酒，90/80大于100/120，因而英国在生产呢绒上具有比较优势。

从葡萄牙的角度来看，生产呢绒的投入是英国的90%（90/100），酒是67%（80/120），说明葡萄牙在两种商品的生产上都具有绝对优势，但是在酒的生产上具有更大的优势，也就是葡萄牙在酒的生产上具有比较优势。从机会成本角度看，葡萄牙生产1单位的酒需要放弃80/90单位的呢绒，生产1单位呢绒需要放弃90/80单位的酒，生产酒的机会成本小，而英国生产1单位酒需要放弃120/100单位的呢绒，80/90大于120/100，因而葡萄牙在生产酒上具有比较优势。

现在让英国和葡萄牙进行分工，各自生产自己具有比较优势的产品，英国生产呢绒而葡萄牙生产酒，英国可以生产出的2.2（220/100）单位的呢绒，葡萄牙可以生产2.125（170/80）单位的酒。这样分工生产的结果是两种产品产量都高于分工前。

假定英国以1单位的呢绒换取葡萄牙1单位的酒，那么英国可以多消费0.2单位的呢绒，而葡萄牙可以多消费0.125单位的酒。

结论：实行国际分工使两国可增加各自具有比较优势的产品的产量，通过贸易增加了两国的国内消费量，双方都有利。

意义：任何一个国家无论经济上强或弱，无论它处于什么发展阶段，都可以确定自己具有比较优势的产品，安排生产，进行贸易，使贸易双方都可以用同样的劳动耗费，得到比分工前更多的产品。

思考：在现实生活中，国际贸易大多是由多个国家参加的，相互之间交换多种产品，在这种复杂的环境下，比较优势是否还起作用？

第一种情况：多个国家，两种产品的贸易。

在多个国家都生产两种产品的情况下，贸易模式取决于各国各自的价格优势。假设5个国家参加国际贸易，各国生产1单位产品的成本见表1–2。

表1–2　5个国家的生产成本表

项目	甲国	乙国	丙国	丁国	戊国
X产品	5	4	3	2	1
Y产品	1	1	1	1	1
相对成本C_X/C_Y	5	4	3	2	1
出口或出口	进口X产品，出口Y产品	进口X产品，出口Y产品	不参加贸易	进口Y产品，出口X产品	进口Y产品，出口X产品

如果市场上，X产品的相对价格是3Y，那么，丙国由于国际市场相对价格等于国内市场相对价格，所以不会参加贸易，甲乙丁戊四国都获得了比自己生产更便宜的产品，因而获得了利益，可以看出，只要各国产品的国际相对价格和国内相对价格有差异，各国就可以从国际贸易中获利。

第二种情况：两个国家，多种产品的贸易。

在两个国家进行多种产品贸易的情况下，各国的贸易结构和流向仍然取决于比较优势，假设两国生产各种产品的成本见表1–3，比较优势见表1–4。

表1–3　两国的生产成本

项目	A产品	B产品	C产品	D产品
甲国	10	10	20	20
乙国	10	5	4	2
相对劳动生产率$C_乙/C_甲$	1.0	0.5	0.2	0.1

表1–4　两国生产的比较优势

项目	A产品	B产品	C产品	D产品
甲、乙两国的工资率之比是0.15	甲国	甲国	甲国	乙国
甲、乙两国的工资率之比是0.6	甲国	乙国	乙国	乙国

假设甲国的工资率是$W_甲$，乙国的工资率是$W_乙$，则甲国某产品的生产成本是$W_甲C_甲$，乙国某产品的生产成本是$W_乙W_乙$。如果$W_甲C_甲<W_乙C_乙$，即$W_甲/W_乙<C_乙/C_甲$，则甲国具有生产该产品的比较优势。

如果甲、乙两国的工资率之比是0.15，则甲国在生产产品A、B和C上具有比较优势，乙国在生产产品D上具有比较优势，所以甲国出口产品A、B、C，而乙国出口产品D。

如果甲、乙两国的工资率之比是0.2，则甲乙两国在生产产品C上都没有比较优势，都可以生产产品C。甲国在生产产品A和产品B上具有比较优势，乙国在生产产品D上具有比较优势，所以甲国出口产品A和产品B，而乙国出口产品D。

如果甲、乙两国的工资率之比是0.6，则甲国在生产产品A上具有比较优势，乙国在生产产品B、C、D上具有比较优势，所以甲国出口产品A，而乙国出口产品B、C、D。

假如两国的规模大小相似，如果一国比另一个国家大得多，在两国分别集中生产一种商品后，小国集中生产的产品无法满足两国的消费需要，因此完全的国际分工在大国和小国之间无法发生，大国只能进行不完全分工。

如图1–3所示，甲国的生产可能性为AB，假定X商品的相对价格为$P=P_X/P_Y=0.5$，P_X的价格比P_Y的价格低，甲国生产X商品的机会成本是0.5单位Y。乙国的生产可能性是$A'B'$，假定X商品的相对价格为$P=P_X/P_Y=2$，乙国生产X商品的机会成本是2单位Y，甲国生产X商品的机会成本低，也就是在X商品上拥有生产和贸易的比较优势；乙国则相反，拥有Y商品的比较优势。

如果两国进行分工和贸易，根据比较优势理论，甲国会专门生产X商品，而乙国则专门生产Y商品。

如果国际市场上X商品的相对价格$P=P_X/P_Y=1$，即1单位的X商品可以交换到1单位的Y商品，X商品的相对价格高于甲国国内价格，因此甲国愿意出口，该价格低于乙国的国内价格，乙国也愿意进口，甲国在B点进行生产，出口BE单位的X产品，按照国际比价换回的Y产品，在D点消费。乙国在A'点进行生产，出口$A'E'$单位的Y产品，按照国际比价换回$E'D'$的X产品，在D'点消费。

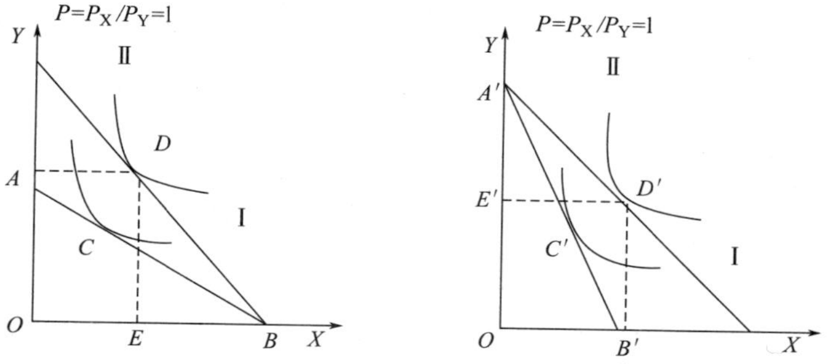

（a）甲国　　（b）乙国

图1–3　两国的生产规模

可见，两国通过分工和贸易都达到了比贸易前更高的福利水平，两国都因为贸易而获益。

两个国家在专门生产本国具有比较优势商品的同时，生产的机会成本也不断递增。到两国同一商品的相对价格相同时，这种分工就会停止，贸易也在这一价格水平上达到均衡。通过互利贸易，两国的最终消费水平会大于贸易前的消费水平。

如图1–4所示，在不存在贸易的条件下，甲国在*A*点生产和消费，假设X商品的相对价格为$P= P_X/P_Y=1/4$，乙国在*A′*点生产和消费，假设X商品的相对价格为$P= P_X/P_Y=4$。可见，甲国生产X商品的相对成本低，拥有生产X商品的比较优势；乙国则相反，拥有生产Y商品的比较优势。

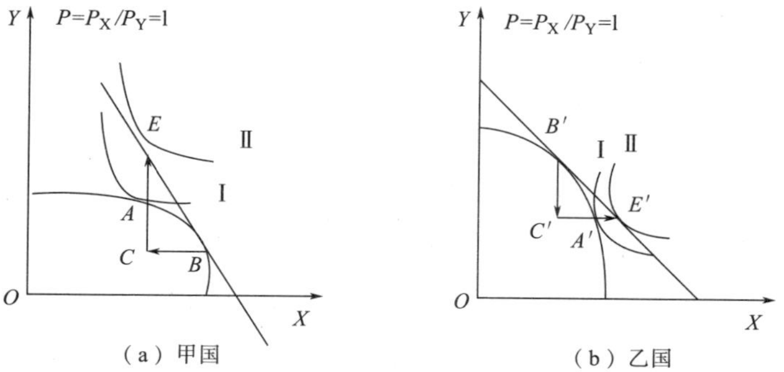

（a）甲国　　（b）乙国

图1–4　两国的生产和消费情况

如果两国进行分工和贸易，根据比较优势理论，甲国会生产X商品，乙国则分工生产Y商品。随着甲国X商品生产的增加，生产X商品的机会成本也在递增；同样，随着乙国Y商品生产的增加，生产Y商品的机会成本也在递增。这种分工过程一直持续到商品相对价格在两国相等时才停止，在这一点上贸易达到均衡。假设均衡的相对价格为P=1。

通过分工，甲国由在A点生产转移到了B点，通过出口BC单位的X商品，按照国际交易比价换回CE单位的Y商品，在E点消费；乙国在A'点生产转移到B'点生产，通过出口$B'C'$单位的Y商品，按照国际交易比价换回$C'E'$的X商品，在E'点消费。

可见，两国通过分工和贸易，都达到了比贸易前更高的福利水平，两国都在国际分工和国际贸易中获益。

比较利益可以分为交换所得和分工所得。一国在国内资源配置不变，产出不变的情况下，按国际市场价格同另一国交换一部分产品获得的福利水平的提高是交换所得，这是产品在消费领域的重新配置所得；一国在对本国资源按照比较优势进行重新配置得到的福利水平提高是分工所得，这是资源在生产领域的更有效配置所得。

在封闭的条件下，一国在A点生产和消费，假设由于某种原因，即使存在贸易的条件下该国也不能生产X商品，而只能在A点生产，即该国和其他国家发生贸易，但并不改变生产结构。此时该国可以按世界价格P_W同其他国家交换Y，最终在Ⅰ上的T点消费，该国的福利水平得到提高，该国从A点到T点的福利水平的提高就是交换所得（图1–5）。

如果情况发生变化，该国可以分工生产X产品，该国的生产点即B点，该国可以按照世界价格P_W用更多的X商品去和其他国家交换更多的Y，最终在E点消费，从T到E点的福利水平提高就是分工所得（图1–6）。

比较优势理论假设国际贸易没有交易成本，国与国之间的贸易模式只取决于各国的比较优势。在现实生活中进行国际贸易会发生各种交易成本，而且这些交易成本通常比国内贸易的交易成本高。国际贸易中的交易成本指由于各

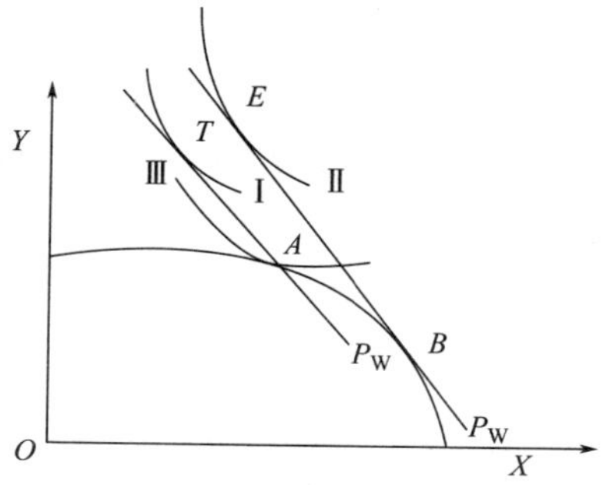

图1-5 在封闭和贸易条件下一国的生产和消费情况

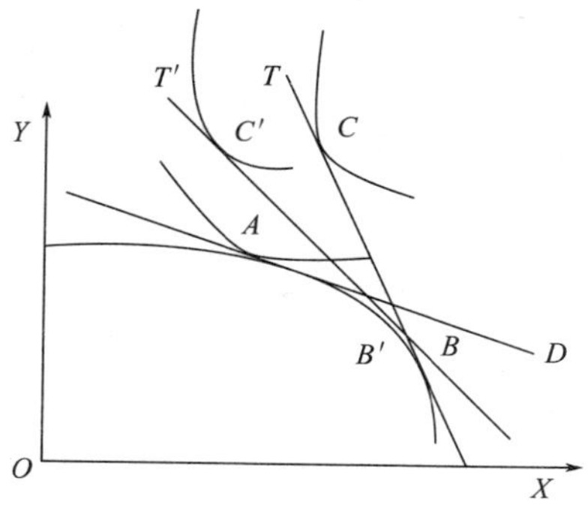

图1-6 交易成本对一国生产和消费的影响

国文化、历史、制度等方面的差异，以及由各国贸易政策的实施带来的交易成本，这些交易成本将会削弱比较优势，甚至导致比较优势消失。

在封闭条件下，一国在*A*点生产和消费，国内X商品和Y商品的相对价格为*AD*的斜率，在参加国际贸易后，如果不考虑交易成本，国际市场上X商品和Y商品的相对价格为的斜率，该国的生产点移到*B*点，消费点移到*C*点，该国福利水平显然比分工前大大提高。但是在交易成本的作用下，国际市场上X商品和Y商品的实际的相对价格是*B′T′*的斜率，该国会在点生产，在*C′*点消费，此时该国的福利水平比不上不考虑交易成本低，但高于分工前的水平，所以该国还是致力于进行贸易。

结论：考虑交易成本与不考虑交易成本的情况相比，降低了国内生产的专业化程度，减少了贸易规模和贸易利益，只要交易成本不高于国际贸易带来的利益，各国仍按照比较优势进行分工和交换，参加贸易的各国仍可以获得高于封闭状态下的福利水平。

（二）比较优势理论

比较优势理论是在绝对成本理论的基础上发展起来的。根据比较优势原理，一国在两种商品生产上较之另一国均处于绝对劣势，但只要处于劣势的国家在两种商品生产上劣势的程度不同，处于优势的国家在两种商品生产上优势的程度不同，则处于劣势的国家在劣势较轻的商品生产方面具有比较优势，处于优势的国家则在优势较大的商品生产方面具有比较优势。两个国家分工专业化生产和出口其具有比较优势的商品，进口其处于比较劣势的商品，则两国都能从贸易中得到利益。也就是说，两国按比较优势参与国际贸易，通过“两利取重，两害取轻”，两国都可以提升福利水平。

第三节 跨境电商的发展历程

1999年阿里巴巴的成立，标志着国内供应商通过互联网与海外买家实现了对接，成为我国出口贸易互联网化转型、探索跨境电商的第一步。在二十多年的发展中，国内跨境电商经历了从信息服务到在线交易，再到全产业链服务三个主要阶段。

一、第一阶段（1999~2003年）

这一阶段从1999年阿里巴巴成立开始，一直持续到2004年敦煌网上线。这是我国跨境电商发展的起步摸索阶段，主要是将企业信息和产品放到第三方互联网平台上进行展示，以便让更多的海外买家了解到国内供应商的信息，促进交易量的增长。

由于互联网发展水平和其他因素的限制，跨境电商在这一阶段的第三方互联网平台，主要是提供信息展示服务，并不涉及具体交易环节。这时的跨境电商模式可以概括为线上展示、线下交易的外贸信息服务模式，本质而言只是完成了整个跨境电商产业链的信息整合环节。

当然，这一模式在发展过程中也衍生出了一些其他信息增值服务，如竞价推广、咨询服务等内容。至于平台的盈利模式，主要是向需要展示信息的企业收取一定的服务费，本质上是一种广告创收模式。

本阶段最典型的代表是1999年创立的阿里巴巴。它是服务于中小型企业的国内最大的外贸信息黄页平台之一，致力于推动中小型外贸企业真正走出国门，帮助它们获得更广阔的海外市场。

1970年成立于深圳的环球资源外贸网，也是亚洲较早涉足跨境电商信息服务的互联网平台。此外，这一时期还出现了中国制造网、韩国EC21网、Kelly Search等诸多跨境贸易信息服务的互联网平台。

二、第二阶段（2004～2013年）

以2004年敦煌网的上线为标志，国内跨境电商迈入了新的发展阶段。在此阶段，各个跨境电商平台不再只是单纯提供信息展示、咨询服务，还逐步纳入线下交易、支付、物流等环节，真正实现了跨境贸易的在线交易。

与第一阶段相比，跨境电商第二阶段才真正体现出电子商务模式的巨大优势：通过互联网平台，不仅实现了买卖双方的信息对接，还使信息、服务、资源等得到进一步的优化整合，有效打通了跨境贸易价值链的各个环节。

B2B平台模式是这一阶段跨境电商的主流形态，即通过互联网平台，将外贸活动的买卖双方（中小企业商户）进行直接对接，以减少中间环节、缩短产业链，使国内供应商拥有更强的议价能力，获得更大的效益。

同时，第三方平台也在这一阶段实现了创收渠道的多元化；一方面，将前一阶段的“会员收费”模式改为收取交易佣金的形式；另一方面，平台网站还会通过一些增值服务获取收益，如在平台上进行企业的品牌推广，为跨境交易提供第三方支付和物流服务等。

三、第三阶段（2014年至今）

国内电子商务经过十几年的深耕培育，已经逐渐走向成熟。同样，跨境电商也随着互联网发展的深化以及电子商务整体业态的成熟完善。2014年，被称为“跨境电商元年”，2015年更是集中爆发。

跨境电商逐渐呈现出以下几个方面的特征。

第一，随着电商模式的发展和普及，跨境电商的主要用户群体，从势单力薄的草根创业者，逐渐转变为大型工厂、外贸公司等具有很强生产设计管理能力的群体，这使得平台产品由网商、二手货源向更具竞争力的一手优质产品转变。

第二，这一阶段，电商模式由C2C、B2C模式转向B2B、M2B模式，国际市场被进一步拓宽，B类买家形成规模，推动了平台上中大额交易订单的快速增加。

第三，更多大型互联网服务商的加入，使跨境电商3.0服务全面优化升级，平台有了更成熟的运作流程和更强大的承载能力，外贸活动产业链全面转至线上。

第四，移动端用户数量飙升，个性化、多元化、长尾化需求增多，生产模式更加柔性化、定制化，对代运营需求较高，线上线下的配套服务体验不断优化升级。

第二章　跨境电商的发展现状与发展探索

了解跨境电商的发展现状，有助于针对其当前的发展模式、存在的问题以及时代发展机遇，有针对性地提出发展策略，促进跨境电商得到更好的发展。

第一节　跨境电商的主要模式

一、跨境电商的交易模式

跨境电商按进出口方向不同可分为出口跨境电商和进口跨境电商，按交易模式不同可分为跨境B2B电商、跨境B2C电商和跨境C2C电商三种，此外还有跨境M2C、跨境B2B2C等模式。

（一）跨境B2B电商

B2B（Business-to-Business），是指商业对商业，或者说是企业间的电子商务，即企业之间通过互联网进行产品、服务及信息的交换，完成商务交易的过程。

跨境B2B兴起于海上运输、通信技术的进步以及IT技术和互联网的普及等三次重要的变革。特别是基于网络的信息、数据交换降低了成本，使得企业不再是一对一开展贸易，而是可以借用平台迅速地获得订单，开展交易，结算资金，形成了便利的一对多，信息集中交换的模式，大幅提升了交易的效率。

（二）跨境B2C电商

B2C（cusiness-to-customer），是指企业通过互联网直接面向消费者销售产品和服务的商业零售模式。跨境B2C是指分属不同关境的企业直接面向消费个人开展在线销售产品和服务，通过电商平台达成交易、进行支付结算，并通过跨境物流送达商品、完成交易的一种国际商业活动。

（三）跨境C2C电商

C2C（customer-to-customer），是指通过第三方交易平台实现个人对个人的电子交易活动。跨境C2C是指分属不同关境的个人卖方对个人买方开展在线销售产品和服务，由个人卖家通过第三方电商平台发布产品和服务信息，个人买方进行筛选，最终通过电商平台达成交易、进行支付结算，并通过跨境物流送达商品、完成交易的一种国际商业活动。

C2C模式的特点是大众化交易，早期的eBay属于C2C平台，而一度非常流行的海淘代购也是典型的C2C模式。2008年的三鹿奶粉事件导致了我国整个乳制品产业的危机，2012年后随着人民币不断升值、进口类跨境电商平台海淘急剧升温，以奶粉、纸尿裤等母婴类产品为开端，国内消费者购买海外商品的欲望越来越强，迅速形成了所谓“代购”“海淘”等C2C市场，从一定程度上促进了我国跨境进口电商的发展。

二、综合试验区跨境电商创新模式

（一）十项创新制度全国推广——杭州综合试验区之经验

1. 先行先试，制度创新为跨境破题

跨境电商属新兴业态，国家层面定位为“先行先试”，杭州作为“先行先试”的试验田，在监管上没有成熟的模式可循。如何快速规范地“跨境”，成为海关急需攻破的课题。为此，杭州海关不断创新优化监管模式，保证了跨境电子商务在杭州的平稳起步。

杭州开园最早的跨境电子商务园区——下沙园区，首创跨境电子商务一般出口“清单核放、汇总申报”的通关模式，有效解决了通关难、结汇难、退税

难等问题。该模式经国务院确认成为跨境电子商务一般出口的全国标准通关模式。

随着杭州各跨境电子商务园区业务量的快速成长，在海关总署的支持和指导下，杭州海关总结综合试验区“先行先试”经验，逐步形成一套适应跨境电子商务业态特点、“可复制可推广”的海关监管制度措施。2016年4月26日，海关总署下发通知，将杭州海关在实践中摸索出来的十项创新制度措施在全国新设的12个跨境电子商务综合试验区进行复制推广。

（1）推行全程通关无纸化。

（2）明确“三单”数据传输主体，统一传输标准。

（3）对B2C销售模式按照“B2B”通关。

（4）实行“简化申报、清单核放、汇总统计”。

（5）实行“税款担保、集中纳税、代扣代缴”。

（6）允许批量转关。

（7）创新退换货流程。

（8）有效管控风险。

（9）对接“单一窗口”平台，强化通关协作。

（10）实行大数据共享。

2. 科技创新，互联网思维提升监管效能

在制度创新的同时，杭州海关还加大科技投入，运用互联网思维提升监管效能。

在大数据应用方面，杭州海关同样走在全国前列，杭州海关搭建的“跨境电子商务监控分析系统”是一个基于“大数据云”的综合性分析系统。该系统能对海量的跨境商品数据进行分析，根据参数设置对跨境商品是否存在风险因素进行筛查，并通过云端服务器整合各个现场的海关监管数据，提升监管效能，实现智慧监管。个人使用的单兵设备也是一个创新亮点。2016年，杭州海关下沙园区跨境监管现场首次投入使用“智能物联网”手持移动终端设备，关员可通过手持终端迅速获取并核对商品的品名、上架、库存等信息，还可以对存疑的商品当场下达布控查验指令，并同步传输到海关作业系统中。这样做能提升监管效能30%～50%。

3．管理创新，改革思维落实“放管服”

在优化监管模式的同时，杭州海关积极贯彻海关总署“全国海关通关一体化”部署，在“通得快”上下工夫，同时紧跟浙江省“最多跑一次”的改革步伐，推出一系列便企便民举措，真正将简政放权、放管结合、优化服务落到实处。

4．平台助力，域辐射发展形成集群效应

跨境电子商务不仅是新兴产业发展的驱动力，也是大众创业、万众创新的重要平台。以杭州综合试验区跨境商品进口主阵地下沙园区为例，目前该园区拥有天猫国际、苏宁易购等70多家平台电商，网易考拉、银泰网等100多家垂直电商以及中外运、海仓科技等80多家电商服务企业入驻，直接带动周边上千家企业“触电”上网，奶粉、护肤品、零食等品类近万种商品活跃在跨境电商线上平台。

截至2017年年底，共有来自225个国家和地区的消费者购买到来自浙江的跨境出口商品。2017年11月11日全天，杭州海关共监管验放跨境电商进口商品344.5万单，价值6.7亿元；监管出口商品29万单，价值1030万元。截至2017年12月底，杭州海关关区累计监管验放跨境电商进口商品9082万票，货值172.4亿元；监管验放跨境电商出口商品22366.8万票，货值96.7亿元。

（二）直购进口领航者——上海跨境电商综合试验区

2012年，上海成为全国跨境贸易电子商务服务首批试点城市之一。2017年全年，上海海关共监管跨境电商进口订单1643.7万单，涉及金额36亿元。其中，直购进口模式订单535.4万单，涉及金额16.2亿元；网购保税进口模式订单1108.3万单，涉及金额19.8亿元。

1．跨境电商生态圈基本稳定

上海跨境电商业务的开展，对企业创新转型、百姓消费升级有较大促进。小红书、洋码头等新兴企业崭露头角，满足了消费者对海外优质商

品的需求，跨境电商的发展实实在在将消费能力留在了境内。经过数年的努力，目前上海口岸跨境电商生态圈已基本稳定，主要体现在以下几方面。

（1）快速通关机制基本建立。“清单核放、集中纳税、代收代缴”通关模式确立，跨境电子商务全程无纸化通关基本实现，低风险商品得以快速放行，极大地满足了现阶段电商企业对物流速度的需求。

（2）区域化特色基本形成。近年来，上海海关直购进口模式订单量始终保持快速增长态势，增速在全国位居前列；9个开展跨境电商网购保税进口业务的区域各具特色，形成多区域产业联动机制，为企业入驻、消费者购物提供多元化选择。

（3）以“单一窗口”为核心的跨部门联动机制初步成型。在本地电子口岸的基础上搭建跨境电商“单一窗口”，为企业提供“关、检、税”一站式解决方案。多部门共享跨境电商信息数据，大数据监管理念已现雏形。

（4）全流程监管，常态化应急。

① 事前环节。上海海关提前介入企业业务筹备工作，了解其商务运作模式与风险点；同时通过风险布控参数，对高风险订单进行拦截。

② 事中环节。严格落实海关总署关于“三单信息”的审核要求，对高风险单证电话联系订购人或者收件人，确认订单真实性。

③ 事后环节。对部分电商开展网上巡查工作，结合本地物流辅助系统对开展企业进行日常数据监控；依托关区留存的数据库开展事后数据分析，并作为风险参数制定、企业稽查的重要依据。

2. 上海海关的其他行动

（1）修订相关操作规程，统一关区内跨境电商的监管流程。

（2）完成直购进口模式的退货测试，探索网购保税进口模式的退货流程。

（3）逐步将邮路快件纳入跨境电商监管体系，加快邮政商业快件的通关效率。

（三）与青岛邮政公司合作打造跨境电商教育研发创新基地——青岛经验

2018年8月29日，青岛邮政公司与新华锦（青岛）电子商务有限公司在青岛市邮政公司总部举行全面合作框架协议的签约仪式。双方将在电子商务运营、平台建设、供应链金融、智能仓储、产品销售、教学培训、文化宣传、产品配送、通关退税、跨境物流等领域进行优势资源互补与全方位的合作，强强联手合力打造青岛跨境电商教育研发创新基地。

青岛市邮政公司韩全胜书记在致辞中指出，青岛邮政认真贯彻落实中国邮政“一体两翼”战略和省分公司、市委市政府工作部署，在推动流通方式转型、促进消费升级、发展国际经贸中发挥着积极作用。邮政跨境电商产业园取得了显著成绩，发挥服务地方经济互联互通的作用在不断增强，得到了省委省政府、市委市政府的肯定与支持。青岛邮政与新华锦双方合作能够实现共赢发展，共同推动青岛跨境电商产业的蓬勃发展。

新华锦集团公司张建华董事长在致辞中介绍，新华锦集团公司是山东国际贸易龙头企业，作为一家多元化发展的综合性大型企业集团，积极推进“互联网+”的战略发展，为我国对外经济发展做出了重要贡献。新华锦（青岛）电子商务有限公司一直致力于跨境电商产业发展，将在与青岛邮政的携手合作促进下，争取在三年内打造建设成为山东地区最大的跨境电商企业。青岛邮政与新华锦集团将抓住机遇，不断提升创新实力，凭借精诚合作、互惠共赢的理念，共同创造出新业绩，向青岛跨境电商的领军型企业一起迈进。

推进服务国家“一带一路”建设，实施新旧动能转换，青岛邮政与新华锦（青岛）电子商务有限公司共同拓跨境电商广阔蓝海，合力打造全国一流的跨境电商教育研发创新基地，为地方经济和社会发展注入强劲动力。

（四）加快建设国际消费城市培育跨境电商消费市场——成都经验

为进一步巩固成都生活中心和消费中心的地位，加快建设具有国际水准和全球影响力的消费城市，成都正式发布了《成都加快建设国际消费城市行动计划》（以下简称《行动计划》）。

《行动计划》提出，将大力实施消费供给提升、消费场景塑造、消费品牌建设、消费热点培育、消费平台打造、消费生态优化六大工程，提升成都对国内外消费的集聚、引领和创新能力，打响“成都休闲、成都消费、成都创造、成都服务”四大品牌，努力将成都建设成为特色彰显、世界知名的国际消费城市。

1. 三个新商圈

（1）以金融城为中心、统筹地铁公共交通导向性发展（TOD）商圈开发，集成打造高端消费商圈。

（2）以双流空港为核心打造国际化消费商圈。

（3）以锦江两岸为载体打造锦江夜消费商圈。

2. 服务夜生活

（1）锦江夜消费商圈将引入川菜、川剧等传统特色业态和现代新兴消费业态，打造成都夜消费地标。

（2）打造一批夜间消费示范街区，引导商贸服务类企业调整经营结构和营业时间，增加适合夜间消费的经营项目。

（3）将完善夜间公交线路布局和运营班次，按需延长公交线路夜间收车时间，优化地铁夜间低峰期运行组织，完善街面停车位管理、夜间临时停车的服务保障。

3. 零售业要提质培育跨境电子商务消费市场

为推动商业零售创新升级，成都将实施全市商业零售业提质行动计划，引导零售企业实施智慧化转型，支持企业通过大数据、云计算等信息技术解析顾客消费特征，量身定制服务内容，提升个性化、柔性化服务水平；同时引导传统零售企业增加体验式商业业态、引入买手制运营模式。

随着消费者对国际化消费品需求的提升，国际化消费品供给将迎来增幅。《行动计划》指出，要依托跨境电子商务综合试验区建设，积极培育跨境电子商务消费市场，支持本地企业在主要商圈开设跨境电子商务O2O（线上线下）体验店，力争实现跨境电商保税线下自提模式。

《行动计划》还指出，要重点培育以旅游、文化、体育、餐饮、健康等为代表的特色服务消费产业，包括打造熊猫、美食、休闲、绿道四大旅游品牌，构建七大世界级旅游产品体系，彰显“耍在成都”的魅力；加快全球川菜交流中心建设，引进世界各地风味美食和特色餐饮，增强“吃在成都”的全球影响力。

更加丰富的“成都造”精品今后也将在市场上出现。《行动计划》明确支持蜀锦、蜀绣、瓷胎竹编等成都特色工艺美术行业，开发传承天府文化和代表城市形象的产品，推动熊猫文化、川剧文化、南丝路文化等文化衍生品创新。还有成都小吃、经典川菜、特色火锅等，将被优选出一批来实施规模化标准化生产，打造品种新、质量好、附加值高的方便食品和半成品。

（五）扩大跨境电商项目扶持——北京经验

成为跨境电商综合试验区后，北京对跨境电商项目的支持更加广泛。北京市商务委员会发布《关于对2018年度跨境电子商务项目申报指南有关内容进行修订的补充通知》（以下简称《通知》），对有关跨境电子商务项目申报指南内容进行了四处修订，同时明确海外仓的支持标准和各类项目支持标准。对于跨境体验店，除了硬件设备和系统外，租金也纳入支持范围，并且细化到根据门店在不同的区域有不同的支持标准。其中各项资金补助最高金额可达500万元。

1. 增大扶持力度

《通知》中表示，将原支持政策中“支持与北京跨境电子商务公共信息平台对接的信息系统、升级改造等项目”，修改为“支持跨境电子商务平台及相关信息系统建设，包括软件系统开发及配套硬件设施建设等”。

APEC跨境电子商务创新发展研究中心主任、对外经济贸易大学国际商务研究中心主任王健认为，新的内容修订更加强调对跨境电商平台的支持，平台赋能企业，能够更好地带动整个跨境电商行业发展。

跨境电商“有棵树”的CFO李志强向《北京商报》记者介绍，跨境电商本身就是跨越各个地区的，很多设置在境外，政策修订后，去掉了“与北京对接”等相关要求，这也表示政府解除了对申报项目的地域限制。

《北京商报》记者注意到，此次修改将原支持政策中“支持用于跨境电子商务直邮进出口、网购保税进口等项目软硬件建设，包括安检机、查验设备、管理信息系统等”，修改为“支持用于跨境电子商务进出口通关服务的项目建设，包括安检设备、查验设备、机检线等设备购置和管理信息系统开发等”。

李志强认为，之前的跨境电商以进口为主，因此直邮、保税进口等方式是主要支持方向，而现在也有很多销往国外的跨境电商，修订后的支持项目改为“跨境电商进出口通关服务”涵盖范围更广泛。

这同样体现在第三条修订内容上，原支持政策中的“支持海外仓、保税仓等跨境电商仓储设施建设，包括货架（货柜）、专用推车（叉车）、管理信息系统等”，修改为“支持海外仓、保税仓、出口集货仓等跨境电子商务仓储设施建设，包括货架（货柜）、仓储搬运设备、分拣机等设备购置和管理信息系统开发等”。新的支持内容不仅有海外仓和保税仓这样传统上主流的进口跨境电商，还增加了出口集货仓。

2．租金支持跨境体验店

此前，政策层面对跨境电商体验店的主要支持内容是体验店的展示柜、货架、收银系统、监控系统、安防系统等配套设施和网站平台等系统建设。此次扶持措施改为，“支持新建跨境电子商务体验店连续12个月房租、店面装修、设备购置和线上销售平台建设等”，除设备和平台系统建设支持外，增加了房租和店面装修支持。

上述修订内容正切中实体门店的要害。一指摇（天津）国际贸易有限公司北京分公司的副总经理庄财告诉《北京商报》记者，目前一指摇在北京有三家门店，分别是五棵松店、雅宝国际大厦店和王府井东方新天地店，面积分别为5500平方米、5000平方米和3500平方米。“门店位置不一样，房租也不一样，在北京的所有公司，都承担着房租和工资两个压力，而且我们的门店都在四环内、地铁沿线，租金确实有压力。”

从支持标准上看，也给出了灵活性和操作性极强的方案，按照不同位置进行不同程度的资金支持。东西城区每天1.8元/平方米，朝阳区、海淀区、丰台区、石景山区及通州副中心155平方公里以内区域每天1.35元/平方米，其他城区每天0.75元/平方米。

跨境电商体验店可以去申请租金支持，需要满足以下条件：经营场所房屋使用面积不小于100平方米；要具备网上销售业务，不管是通过自建网站（网上商城、移动端APP等）还是利用第三方平台；另外单个体验店内现场展示商品的SKU（stock keeping unit，最小存货单位）数量不少于1000种；通过线上售卖的商品SKU数量不少于2000种。同时，单个体验店年度销售额（含线上线下）不少于500万元（或月均不少于40万元）。

三、海外跨境电商平台

一般说到跨境电商平台，大家首先想到的是亚马逊、eBay、速卖通、Wish等主流平台，其实除了这些耳熟能详的大平台之外，很多本土化跨境电商平台也各具特色，如Flipkarl、Walmart（沃尔玛）和Newegg（新蛋网）、Trademe、Linio和Mercadolivre等。

（一）东南亚跨境电商平台举例

1. Lazada

Lazada成立于2012年3月，最初它采用自营模式，2013年开始兼做开放平台，欢迎小商家和零售商入驻，并且在物流与支付上做重度投资。目前，它在泰国、印度尼西亚、马来西亚的市场占有率较高。平台上主要销售电子产品、衣服、用具、书籍、化妆品等。目前，Lazada在我国有招商，但仅限企业入驻。

2. Shopee

Shopee于2015年6月正式上线，是东南亚地区领先的移动电商平台，主营业务为游戏社交。Shopee采用“移动+社交+P2P”模式，解决Carousell、Gumtree等同类平台不能支付、不负责物流的痛点。陆续覆盖了新加坡、马来西亚、印度尼西亚、泰国、菲律宾、越南等市场。目前，Shopee在我国有招商，但仅限企业入驻。

3. Luxola

Luxola是一家化妆品B2C平台，2011年由Alexis Horowitz-Burdick创立于新加坡，主打护肤品和化妆品品牌，2015年7月被法国奢侈品集团路易威登收购。目前，该网站服务的市场有澳大利亚、文莱、印度、马来西亚、新西兰、菲律宾、中国香港地区等。

（二）北美跨境电商平台举例

1. Walmart

Walmart（沃尔玛）的零售业务遍布全球28个国家，布局电商一直是沃尔玛在我国市场的一个发展战略。从控股1号店，到上线自己的App，沃尔玛一直将电商作为实体门店的一个补充和延伸，从而提升客户的购物体验。目前，沃尔玛App上“全球e购”频道提供200多个来自美国、英国、日本、韩国、澳大利亚等全球知名产地的食品、保健品、个护化妆品和母婴商品。

2. Newegg

Newegg（新蛋网）于2001年成立，总部位于美国洛杉矶，是美国领先的计算机、消费电子、通信产品的网上超市。新蛋网聚集约4000个卖家和超过2500万客户群，最初销售消费类电子产品和IT产品，目前已经扩大到全品类，品种数高达55000种，Newegg在我国有招商，但仅限企业入驻。

（三）欧洲跨境电商平台举例

1. Vente-Privee

Vente-Privee是法国的时尚电商，采用会员制限时特价抢购模式，堪称“闪购鼻祖”。其跨境业务主要分布在欧美地区，包括美国、英国、德国、荷兰、意大利、西班牙等国家及地区。该网站提供的产品包括服饰、鞋包、化妆品、奢侈品、婴儿用品、玩具、文具、食品、家居、计算机、电器、杂志、保险、门票等。Vente-Privee能在仓储管理、库存积压、向供应商退货等方面把花费控制在极低的水平。

2. Mankind

Mankind是一家专门销售男士护理用品的美妆电商网站。Mankind提供各类护肤、护发、理容用品，热销品牌有倩碧（CLINIQUE）、伊索（AESOP）、美国队员（American Crew）等。Mankind由于采用厂家直接订购、网站全球直邮的方式，价格便宜，深受全球消费者的喜欢。

第二节　跨境电商当前存在的问题与机遇

一、跨境电商当前存在的问题

（一）综试区经验有待推广，区域政策尚需平衡

2016年初，国务院批复12个城市为新的跨境综试区试点城市，要求其借鉴中国（杭州）跨境电子商务综合试验区的经验和做法，着力在跨境电子商务B2B相关环节的技术标准、业务流程、监管模式和信息化建设等方面先行先试。但部分新增综试区城市在建设推进过程中未能着力于B2B业务发展，尚无法形成行之有效的综试区建设经验在全国范围内复制推广。而随着税收新政实施，跨境电子商务零售进出口业务不再仅限于试点城市开展，但仅早期的10个试点城市享有1年过渡期内暂不验核通关单等过渡期政策，造成试点与非试点城市间政策不平衡。

（二）跨境电商地区发展不均衡

跨境电商地区发展的不均衡主要表现为以下两个方面。

一是，跨境电商贸易总额的不平衡。从我国试点城市和跨境电商交易额地区分布的现状分析中不难看出，东部沿海发达城市的跨境电商的贸易额占比非常高，达到70.1%，仅广东一个省就达到了24.7%，浙江紧随其后，与江苏并驾齐驱。由于试点城市的影响和地区经济自身发展的差异，发达省份与欠发达地区在承接跨境电商发展时，接收和发展的程度不同，跨境电商贸易额差距较大，尤其在跨境电商出口方面，欠发达地区较发达省份差距更大。

二是，跨境电商试点城市发展的不均衡。在国家积极发展跨境电商试点的

政策背景下，已经成为跨境电商试点的城市之间，发展并不均衡。上海、广州、杭州三个城市领跑试点城市，重庆、郑州等城市发展较为缓慢。例如，广州等发达城市作为较早一批的跨境电商的试点城市，基础设施建设完善，物流仓储建设初具规模，发展迅速，带动了相关产业发展的同时，也吸收了大量周边的资源。起步较晚的试点城市仍在不断尝试中，但与较早起步的试点城市在贸易量上存在显著的差距。

（三）监管渠道有待统筹，准入风险依然存在

一方面大量跨境网购商品仍然通过传统邮件、快件渠道进境，跨境电子商务零售进口商品因单次限值、年度限额以及品种限制造成适用范围相对传统邮快件渠道较窄，且不同渠道监管场所、税收政策均不一致，易因政策变动形成洼地，亟待全局统筹改进；另一方面新政虽配套出台《跨境电子商务零售进口商品清单》对安全准入予以限制，但跨境电子商务商品量小、批次多、来源渠道复杂等特点导致商品质量安全、疫病疫情等风险依然存在，特别是12个享受过渡期优惠政策的试点城市风险相对较高。

（四）跨境电子商务信用管理体系缺失

在我国企业商业信誉普遍较弱、市场培育程度尚不成熟的背景下，跨文化、跨关境的跨境电子商务交易面临着巨大的商业信用考验。主要是由于目前国内电子商务经营者信用体系不完善、市场秩序比较混乱、跨境电子支付存在渠道及安全问题等原因。执法部门的应对办法不多，主要依赖跨境电子商务平台自身的预防、监督机制，难以避免争端产生，同时在争端产生以后缺少必要的、及时的纠纷处理机制。这对政府的监管提出更多的要求，要想办法加大政策创新与监管创新力度，行之有效的信用监管制度和监管体系亟待建立。可以参考淘宝网的信用评价制度，鼓励有条件的大型电商企业搭建第三方认证平台，采取信用评价激励机制激励电商企业参与，对于信用评价好的企业通过优惠政策予以奖励，弘扬诚实守信的商业理念，因势利导，逐渐建立完善的信用管理机制。信用体系的建立绝非一日之功，可考虑将国内行业内部的信用评级制度作为参考，将电子商务跨境经营者登记备案，建立终身跟踪制和倒逼问责

机制。凡电商企业虚假宣传、侵犯知识产权销售假冒伪劣商品及有其他欺诈行为损害我国电商企业集体海外形象的，必须予以严惩，让其承担相应的法律责任。

二、跨境电商的时代机遇

（一）政策的大力支持

近期，有关部门出台了直接针对跨境电商的政策和部门规定，主要是解决目前跨境电商发展遇到的新问题和监管难题。主要有以下几个方面。

1. 从国家对外贸易的高度出台对跨境电商的支持鼓励政策

2015年6月10日，国务院出台《关于促进跨境电商健康快速发展的指导意见》，强调促进跨境电商健康快速发展，用“互联网+外贸”实现优进优出，有利于扩大消费、推动开放型经济发展升级、打造新的经济增长点。2017年1月15日，国务院印发《关于同意在天津等12个城市设立跨境电子商务综合试验区的批复》，同意在天津、上海、重庆、合肥、郑州、广州、成都、大连、宁波、青岛、深圳、苏州12个城市设立跨境电子商务综合试验区。2017年11月27日，商务部等14部门发布《关于复制推广跨境电子商务综合试验区探索形成的成熟经验做法的函》，意见表示，跨境电商线上综合服务和线下产业园区“两平台”及信息共享、金融服务、智能物流、风险防控等监管和服务“六体系”等做法已成熟可面向全国复制推广，供各地借鉴参考。

2. 针对跨境电商的通关便利化问题的政策

2015年6月16日，国务院办公厅出台了《关于促进跨境电子商务健康快速发展的指导意见》。2017年8月1日，质检总局发布《关于跨境电商零售进出口检验检疫信息化管理系统数据接入规范的公告》，政策对跨境电商零售进出口检验检疫信息化管理系统涉及的经营主体（企业）、第三方平台的相关事宜进行说明，要求跨境电商经营主体、第三方平台对于其向出入境检验检疫局所申报及传输的电子数据。

3. 针对当前保税进口新模式的政策

2014年3月，海关总署针对上海、杭州、宁波、郑州、广州、重庆6个城市的保税区试行保税进口模式的情形，出台了《海关总署关于跨境电商服务试点网购保税进口模式有关问题的通知》，对保税进口模式的商品范围、购买金额和数量、征税、企业管理等制定了相应的条文。

（二）中美贸易摩擦背景下对我国跨境电商影响及应对措施

1. 中美贸易摩擦对跨境电商的影响

继美国于2018年7月6日开始对340亿美元中国产品加征25%的关税，8月23日对自中国进口的160亿美元产品加征25%的关税。中美贸易摩擦已经影响了金融市场秩序，包括股票、货币以及从大豆到煤炭等全球商品的贸易。

厦门欣维发实业有限公司的CEO李佳松说："我们一直都比较关注的是，中美贸易摩擦下的跨境出口贸易，除了人民币汇率的波动，此次公布的清单主要针对《中国制造2025》行业，我们担心在将来贸易摩擦可能继续扩大，蔓延到其他行业和领域，进而对我们企业造成影响。我们担心更多的并不来自直接的关税加征，而是中美贸易摩擦引起的其他间接因素的变化，比如汇率波动，跨境电商配套行业，如物流、清关、仓储等环节效率的降低，以及海外电商平台的政策变化等。还有一种可能的变化便是，目标市场的消费者的心理变化，贸易摩擦从政府的对抗层面扩大到民间，如商品抵制等，这会对我们的产品销量造成不利影响。"

跨知通创始人兼CEO高进军称："零售全球化是不可逆转的趋势，中美贸易摩擦，对出口跨境电商而言，日用消费品的零售影响不会太大，但是对于美国海外仓备货的卖家而言，需要更加谨慎。贸易摩擦背景下，征税范围的扩大和消费税的起征会增加非常多的不确定性。从长远来看，这或许会倒逼跨境电商卖家从倒货往品牌运营方向升级。"在他看来，相比目的国美国的进口而言，通过跨境在线零售的比例在美国的零售采购中，比重还是比较小，对我国出口而言，出口跨境电商每年的增速为30%，但是对我国出口的总量而言，跨境出口的比例还是比较小，依旧有非常大的发展空间。过去出口跨境电商的增长依靠互联网流量的红利，以及海量SKU产品的倒货模式发展起来，贸易摩擦的推进，从长远来看，会加速这种模式的死亡和追求性价比的品牌电商的升级发展。从这个层面上来说，或许是好事，因为无论在任何年代，掌握核心技术的品牌商才是国际贸易中的赢家。

荟网创始人贺阳表示，如果贸易摩擦持续恶化，不仅是亚马逊卖家会走投无路，包括国内的淘宝、京东、1688、传统制造业都要出现行业性震动，因为国内制造厂商和贸易商的多数订单，还是需要依赖于美国的消费。他说道，美国联邦最高法院宣布，所有线上零售商都需要与线下零售店一样对消费者征收消费税。征收消费税对于亚马逊、沃尔玛、eBay等平台而言不会产生多少影响。虽说美国线上零售的发展较为迅速，但线下零售的体量远远超过线上零售规模，如果美国线下早已实施消费税的缴纳、征收的话，线上征收消费税其实并不会对消费者带来多大的影响。

2．跨境电商卖家应对中美贸易摩擦的主要措施

（1）开发创新。一旦卖家制造创新出不被替代、独具市场竞争力的产品，不论关税政策如何调整，跨境电商卖家的目标市场、核心消费群体都会相对稳同，能够在不断变化的局势中站住脚。

（2）减少成本支出，缓冲关税。我国仍旧是制造业的集中地，受中美关税的影响，美国消费者会倾向于向我国的工厂直接采购。那么，我国制造企业就可以控制供应链端的价格优势、减少中间经销商和跨境电商卖家的加价，这样来缓冲关税造成的影响。

（3）缩减物流成本抵充关税。在降低成本之后，还可以尝试缩减物流成本。对于跨境电商出口零售而言，卖家自己可以控制价格。假设美国需要征收25%的消费税，卖家在想维持买家购买成本不变的情况下，还能通过海外仓等方式缩减物流成本，降低利润率，保持市场份额并留住顾客。

介于目前错综复杂的中美环境和关税新政，跨境电商卖家目前虽受到的波及不大，但是形势不断变化，需要时刻关注中美双方的新动作和海外电商平台的政策，随时做出调整，以规避风险。

第三节 跨境电子商务支撑体系研究

一、跨境电子商务的交易和支付模式概述

下面以杭州跨境电子商务园区交易模式与支付结算模式为例进行论述。

（一）出口交易模式与支付结算模式

杭州跨境电子商务园区的主要出口模式有以下几种。

一是，一般出口模式（“9610”一般出口，以下城园区为例），如图2-1所示。

过去几年，出口跨境电子商务B2C的迅速发展以大量中小卖家的涌现为主要特点，方便灵活、价格相对低廉的邮政小包是大多数中小卖家选择的物流方式（即直邮模式）。邮政小包是跨境电子商务出口业务中主要的物流方式。邮政网络基本覆盖全球，比其他任何物流渠道都要广。而且，由于邮政一般为国

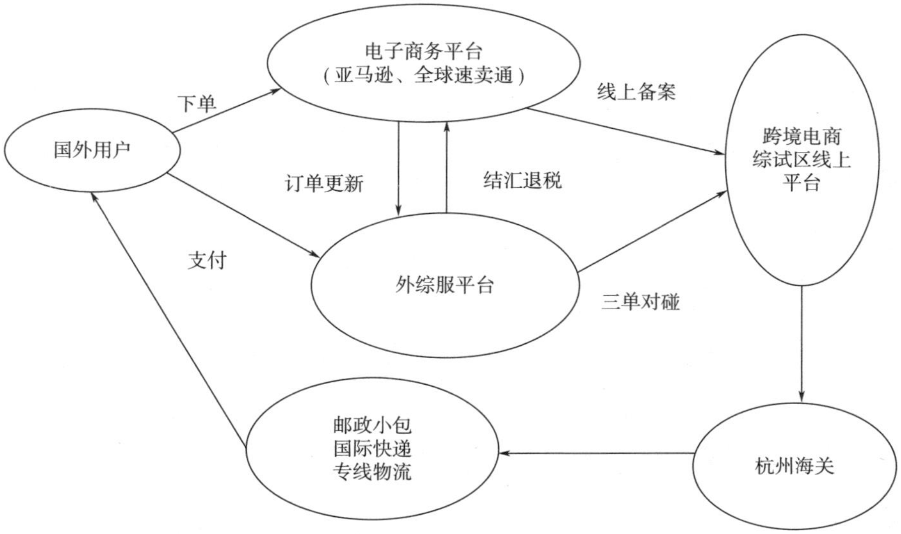

图2-1 杭州跨境电子商务下城园区交易与支付结算流程

有性质，有国家税收补贴，价格非常便宜。

不过随着日单量的逐渐增加，加之邮政小包发货时间长、不经济的缺点越来越明显，海外仓成为越来越多大卖家的选择。所谓海外仓，是指卖家在海外建立仓库备货，客户下单后直接由仓库发货，而不用从国内发货。这种方式具有诸多优点，比如可以缩短发货时间至3～4天乃至1天（国际物流通常需要一两周的时间，还不包括清关延误等时间），还能拓宽商品门类，比如超大件、超重件商品，邮政小包或快件的物流方式满足不了这类商品的运送。

通过采用海外仓，中国的卖家可以在当地提供与本土电子商务别无二致的服务体验。海外仓的商品销售转化率高于直邮商品。在同类商品中，从海外仓发货的商品销售量是从中国本土发货商品的3.4倍。并且，海外仓对于提升好评率、提高定价均有明显帮助。使用海外仓是大势所趋，不采用海外仓的卖家将很难参与竞争。

最早的海外仓是一些大卖家尝试建立的自有或共用仓库，发展到现在，市场上已经有数十家能为跨境电子商务提供专业海外仓服务的服务商。

二是，特殊区域出口模式（“1210”一般出口，以下城园区为例），如图2-2所示。

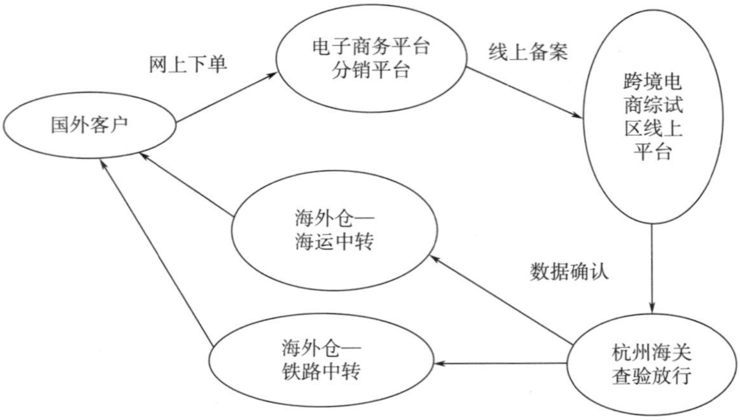

图2-2　杭州跨境电子商务下城园区出口流程

从B2C到B2B，看似简单的字母变化，对于企业的跨境电子商务出口来说意义重大。同时，中国制造业也将在出口业务上，迎来更多商机。跨境电子商务出口从B2C向B2B大货模式延伸，丰富了跨境电子商务出口模式，对于企业做大跨境电子商务业务、促进中国（杭州）跨境电子商务综合试验区快速发展具有特别重要的意义。

（二）进口交易模式与支付结算模式

第一，直邮模式（“9610”，以下沙园区为例），如图2-3所示。

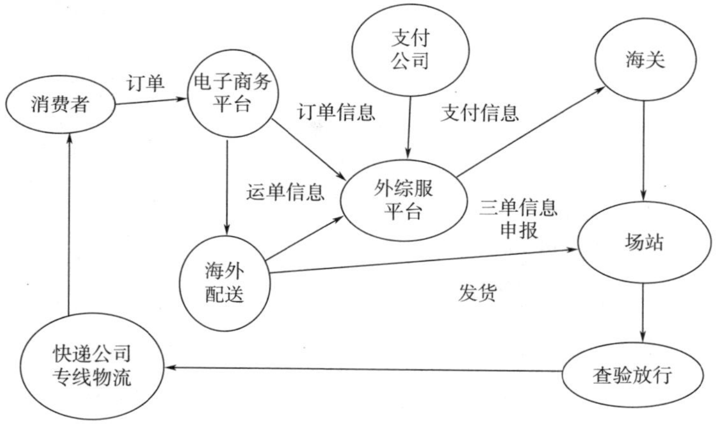

图2-3　杭州跨境电子商务下沙园区进口流程

直邮模式是先购买再有货，即消费者先通过电子商务平台下单，电子商务平台打包后，通过国际物流等方式将货物发送至杭州跨境电子商务下沙园区。经过卸货查验、检验检疫环节后，海关工作人员会比对个人物品信息申报单，当货物和申报信息匹配之后放行。

和保税模式相比，直邮模式最大的不同之处就是理论上无须仓储，货品种类更丰富，具有个性化。不过同时，直邮模式的收货时间更久，通常从下单到货物送达，消费者需要等待7～20天。

第二，网购保税模式（“1210”，以下沙园区为例），如图2-4所示。

来自海外供货商的货物，由海关监管车辆运送到特殊监管区。海文工作人

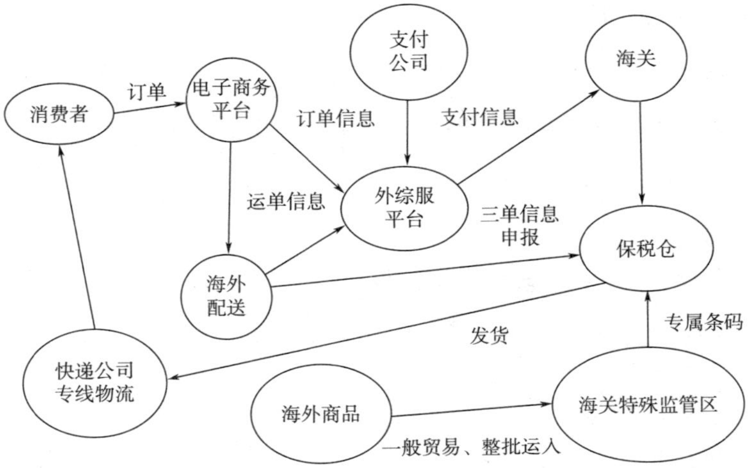

图2-4 杭州跨境电子商务下沙园区网购保税进口流程

员对照报关单进行查验后，给每件货品贴上专属条码标签，作为商品的唯一“身份证”，摆放在保税仓。

一旦有消费者下单，系统生成订单，相关工作人员查验该物品的个人物品信息申报单，该申报单包括订单信息（来自电子商务平台）、运单信息（来自保税仓物流公司）和支付信息（来自支付公司）三个部分。只有当该三个方面信息对碰完成，申报单的各项数据准确无误，且商品顺利通过X光查验之后，才算正式通关放行。目前，网购保税模式从下单到收货，消费者一般只需等待1～3天，几乎和国内电子商务的购物时间一样快。

未来，下沙园区准备在已有的进口B2C模式的基础上，探索进口B2B模式；同时利用开发区产业基础及出口加工区政策优势，探索启动跨境出口M2C（Manufacturers to Consumer，生产厂家对消费者提供自己生产的产品或服务的一种商业模式，减少流通环节，降低销售成本）模式，并探索跨境出口M2B（Manufacturers to Business，生产商直接面对经销商，是架构在电子商务上的一种新型交易模式，节约厂商销售成本，帮助下游经销商整合采购链资源）模式及特殊监管区跨境网购保税出口等跨境电子商务新型渠道，将“中国制造”销往全世界。

二、跨境电子商务的通关流程概述

跨境电子商务较之国内电子商务则增加了海关通关、检验检疫、外汇结算、出口退税、进口征税等环节。

根据海关网站显示，跨境电子商务通关主要包含以下过程。

第一，入关。进入海关特殊监管区等待查验。

第二，普货查验。跨境电子商务货物进入海关监管仓，等待海关进行查验，核对实际进口货物与报关单所报内容有无错报、漏报等情况。无误后，进入保税仓储存。

第三，理货、油检。货物仓库分为储存区、包装区和监管区三个区域，海关工作人员完成对货物的抽查检验。其中，食品及保健品需送到专业实验室进行成分检验。

第四，“三单对碰”。当消费者在电子商务平台下单后，平台就会生成订单发送到保税仓，同时支付企业发送支付单，物流企业发送物流单。而订单相关数据会传到跨境电子商务服务平台，服务平台再将数据传输到海关平台。

第五，打包后过X光机查验。保税仓按订单打包商品，完毕后送到分拣中心，通过X光机进行查验。每一笔订单信息都将被保存，海关的工作人员也会进行现场查验，比对数据、实物等各项信息。

第六，通关放行。海关特殊监管区卡口智能系统将自动识别车号放行。

三、跨境电子商务的物流模式分析

以下以杭州跨境电子商务园区为典型案例，研究其跨境电子商务的物流模式。杭州各跨境电子商务园区的物流、仓储各有优势，其中下沙园区引入网仓科技、费舍尔等大型跨境电子商务服务企业，实现了仓配一体化，构建了智能物流体系，同时引入了浙江中外运有限公司、EMS、申通、圆通、中通等国内大型物流公司。下城园区除了有各大型电子商务的独立仓储外，还设有公共仓储，为规模尚小或者不想建仓的电子商务企业提供上架、打包等一站式仓储服务，大型物流公司如邮政、顺丰、DHL等与园区建立了战略合作关系；空港园区旁边就是杭州物流转运中心，顺丰、“四通一达”、FedEx、EMS和中外运等近20家快递物流企业的区域性总部均设于此。

跨境电子商务园区的业务模式主要有网购保税进口、直购进口和一般出口等。无论哪种业务模式，其物流流程都可以分为国际物流和国内物流。

（一）网购保税进口

网购保税进口是先有货再购买的过程，也就是海外企业将货物海运至国内保税仓库，国内消费者下单后从国内仓库发货的过程。国际物流主要是海外企业通过物流公司（如中外运等）将货物海运至中国港口，国内物流包括转关和落地配，转关也可以由单独的物流公司承担，落地配主要由邮政EMS、申通、中通、圆通、顺丰等快递公司承担，如图2-5所示。

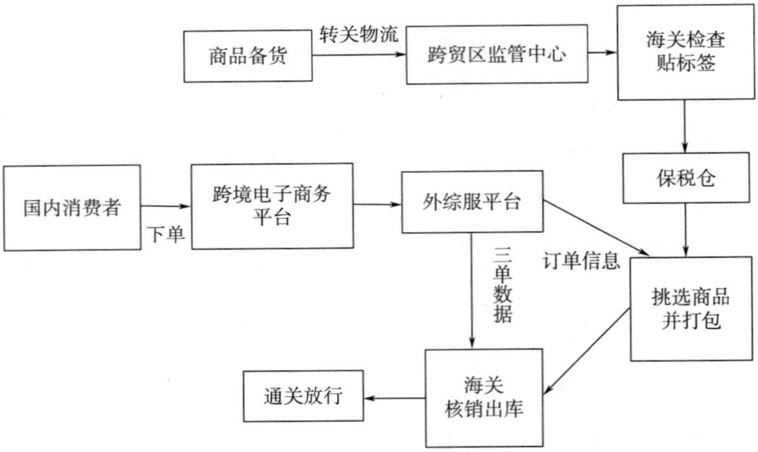

图2-5　杭州跨境电子商务园区网购保税进口模式流程

（二）直购进口

如果保税模式是保税仓先有货再购买，那么直购进口（俗称直邮模式）则是先购买再有货，即消费者先通过电子商务平台下单，电商收到订单后打包发货，通过国际物流（一般是空运）发送至保税仓，再由国内物流进行配送，如图2-6所示。

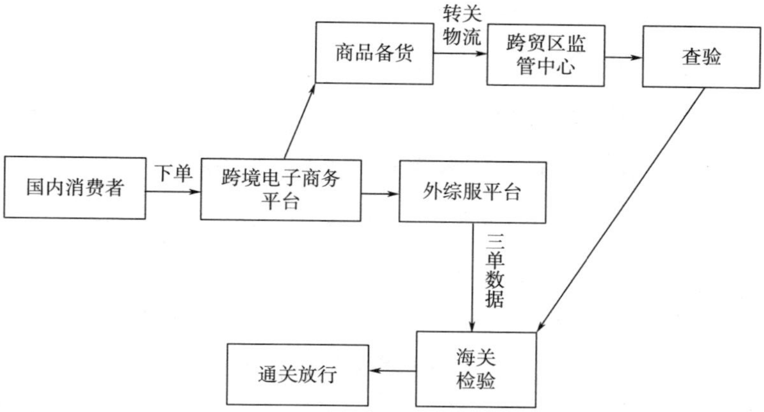

图2-6　杭州跨境电子商务园区直购进口模式流程

（三）一般出口

一般出口模式（俗称直邮出口）是跨境B2C模式，海外消费者通过电子商务平台下单，国内商家通过物流运至海外，再由当地邮政或快递公司转送至海外消费者手中，如图2-7所示。

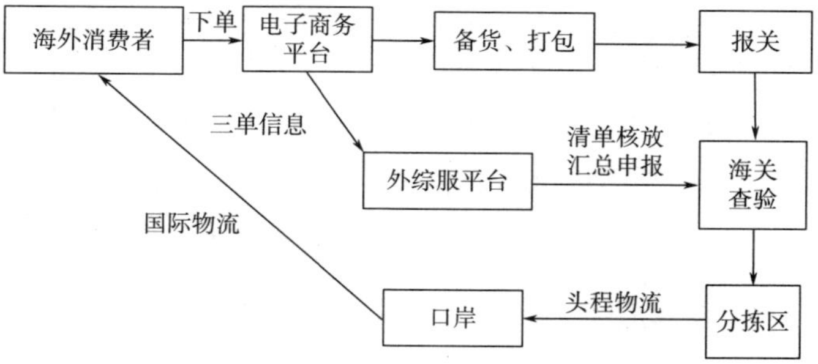

图2-7　杭州跨境电子商务园区一般出口模式流程

四、跨境电子商务海外仓储状况分析

物流问题严重制约了跨境电子商务的发展，于是多数平台开始着手改变此困局。海外仓储的建设逐渐被大卖家所追捧，发展到一定规模的电商都已经有相关打算。进口电商天猫国际拟在全球五大洲建仓，京东在俄罗斯和东南亚地区拟建2个海外仓，洋码头在澳大利亚、美国等国家及地区拟建16个仓；出口电商速卖通已招募2000家海外仓外贸商。

本部分以杭州为典型案例进行跨境电子商务海外仓储状况分析。根据中国（杭州）跨境电子商务综合试验区《实施方案》，试验区采取“一区多园”的布局方式，建设综合试验区线下“综合园区”平台，通过集聚电子商务平台企业、外贸综合服务企业、电子商务专业人才、电子商务专业服务等，提供通关、物流、金融、人才等“一站式”综合服务，有效承接线上“单一窗口”平台功能，优化配套服务，促进跨境电子商务线上平台和线下园区的联动发展，打造跨境电子商务完整的产业链和生态链。

第一，中国（杭州）跨境电子商务产业园（下沙园区）。园区所在钱塘新区前身是杭州经济技术开发区，其是1993年4月经国务院批准设立的国家级开发区。该园区于2014年5月7日开园，是全国首批集网购保税进口与海外直邮进口全业务于一体的跨境电子商务试点区，综合业务量名列全国前茅。

第二，中国（杭州）跨境电子商务产业园（下城园区）。业务包括一般出口和直邮进口。该园区于2013年7月开园，首创了“一次申报、一次查验、一次放行”的“三合一”模式，大幅提高了通关效率。

第三，中国（杭州）跨境电子商务产业园（空港园区）。该园区于2015年2月开园，业务包括网购保税进口和直购进口。根据规划，空港园区将通过3~5年的努力，成为中国（杭州）跨境电商综试区建设的主阵地，乃至全国跨境电子商务的集聚区和示范区。

第四，中国（杭州）跨境电子商务产业园（临安园区）。临安园区从2015年5月开始筹建，经过前期的土建、评审、设计，到中期的首批企业招租、服务、装修及公共区域的完善，于当年8月11日正式开园。园区一期总建筑面积达1.8万平方米，园区二期计划建设面积达5万平方米，现入驻企业60余家。临安园区致力于成为集跨境电子商务公共服务、培育培训、仓储物流、会议交流于一体的智能化、现代化跨境电子商务园区。

第五，中国（杭州）跨境电子商务产业园（江干园区）。江干园区于2015

年10月20日正式开园，是综试区首批扩容的线下园区之一。园区一期面积为2万平方米，已拥有贝贝网、酷云科技等跨境电子商务企业100余家，着力成为一个以跨境电子商务产业为核心、以龙头和品牌型总部企业为重点、以专业服务商为支撑的国内一流跨境电子商务产业专业园区。园区位于杭州城东、杭州钱塘智慧城核心区块内。园区内设施完善，配套齐全，布局合理，环境优美。

第六，中国（杭州）跨境电子商务产业园（富阳园区）。富阳园区以“一园多区，多点覆盖”的发展格局，先期重点建设东洲新区、银湖新区两大跨境电子商务产业园。目前园区总规划面积为11.3平方千米，其中银湖新区产业园为3.8平方千米、东洲新区产业园为7.5平方千米。

第七，中国（杭州）跨境电子商务产业园（拱墅园区）。拱墅园区的宗旨是为致力于成为标杆性跨境电子商务生态园区；运营理念为一个平台、两个大厅、三个中心和四个单元，其中一个平台指跨境电子商务综合服务平台，两个大厅指跨境电子商务展示大厅、跨境电子商务服务大厅，三个中心指人才培训中心、创业孵化中心、社群交流中心，四个单元指公共服务单元、第三方服务商单元、小微孵化单元、成长型企业单元。

第八，中国（杭州）跨境电子商务产业园（桐庐园区）。桐庐园区于2016年12月正式通过杭州市跨境电商综试办批复设立。园区位于杭新景高速桐庐出口、杭黄高铁桐庐站附近，即桐庐县城中心位置，地理位置优越，配套设施完善，交通运输便利。目前，桐庐园区内设有海陆跨境电子商务产业园和桐君跨境电子商务众创孵化园两个分园区。其中，海陆跨境电子商务产业园总建筑面积为5.6万平方米、桐君跨境电子商务众创孵化园总建筑面积为2万平方米，两园区已入驻跨境电子商务及产业链企业50多家。

第九，中国（杭州）跨境电子商务产业园（余杭园区）。余杭园区从空间布局、区域特点、产业发展上整体规划，围绕传统供应链和阿里巴巴总部的优势，由临平创业城、良渚文化城、未来科技城三个跨境电子商务产业园组成。园区总规划面积为11.51平方千米，总建筑面积为22.4万平方米。其中，临平创业城核心区为7.17平方千米，建筑面积为8.8万平方米，包括华星正淘跨境电子商务产业园及邮E邦跨境电子商务产业园及临平新城永安金鑫、麦道、CBC等楼宇；良渚文化城核心区为1平方千米，建筑面积为5.6万平方米，包括良渚亿丰时代大厦等区块；未来科技城核心区为3.34平方千米，建筑面积为8万平方米，包括华立创客社区、E商村、梦想小镇等区块。

第十，中国（杭州）跨境电子商务产业园（建德园区）。建德园区于2016年6月30日正式开园，位于建德市中心城区雅鼎路666号，总建筑面积为5.3万平方米，分两期建设，首期面积为3.5万平方米。园区不仅提供规范和高标准的商务、办公、仓储、商业生活配套等硬件设施，更重要的是整合了行业板块、产业链资源，提供了创业孵化、电商培训、人才服务、电商运营服务、互联网金融、O2O展示体验、网货分销体验、仓储管理、快递物流等一体化的全产业链服务，致力于打造区域领先的智能化、生态化跨境电子商务产业园。

第十一，中国（杭州）跨境电子商务产业园（西湖园区）。西湖园区于2015年12月16日试运营，于2016年9月29日正式开园。园区围绕“一核多点”建设发展，总规划占地面积为1平方千米，其中核心区规划建筑面积为14.5万平方米，一期已启动面积为3.6万平方米。西湖园区未来将推动跨境电子商务自由化、便利化、规范化发展，打造成集跨境电子商务企业、电子商务平台、外贸第三方代运营、第三方支付、跨境供应链及物流服务、供应链金融、跨境法律及商标服务机构等于一体的园区，集聚产业链，同时设立中宙·信天翁跨境电子商务众创空间和跨境电子商务自创品牌区，培育孵化跨境电子商务创新型企业，实现西湖制造向西湖品牌的转型。

第十二，中国（杭州）跨境电子商务产业园（萧山园区）。萧山园区采用“政府主导、企业运作”模式管理运营。园区总体规划面积达26万平方米，园区区位优势明显，周边商业配套完善，整体坐落于萧山开发区，距离地铁二号线700米，距杭州主城区仅20分钟车程。园区充分发挥萧山区制造业产业基础优势和园区管理团队多年的跨境电子商务经验和资源，在萧山开发区信息港小镇的整体规划下，本着“一心一园一基地，多点发展”的战略定位，即市北区块（金一路37号）发展跨境电子商务办公产业园，桥南区块（鸿兴路109号）

发展跨境电子商务仓储配运基地与周边创客新天地、女装城、珠宝城及浙江邮政基地等形成多点联合，利用B型保税区、陆路口岸和铁路贸易的优势，着力引入跨境电子商务大型平台服务商。

跨境电子商务有B2B、B2C、C2C、B2B2C等多种交易形态。中国（杭州）跨境电商综试区目前主要应用的是B2C（商对客，即商业零售）交易形态，主要有四种模式。

第一，一般出口“9610”。通俗来讲，采用“清单核放、汇总申”的方式，将货物通过国际邮包、快件运送出境。

第二，特殊区域出口“1210”。把商品按一般贸易形式出口到海关特殊监管区，如保税仓里，先整体退税，然后分批出运。

第三，直邮进口“9610”。即所谓的“海淘”。

第四，网购保税进口“1210”适用于试点城市，“1239”适用于非试点城市。也就是说，根据市场的预判，平台先采购货物，再放到保税仓里，然后根据接到的订单，向全国消费者发货。

第四节　跨境电子商务零售进口监管政策的调整

2018年11月28日，商务部、发展改革委、财政部、海关总署、税务总局、市场监管总局发布了《关于完善跨境电子商务零售进口监管有关工作的通知》（以下简称《通知》）。《通知》显示，自2019年1月1日起，跨境电子商务零售进口政策将调整。

一、解读《通知》具体内容和要点

《通知》显示，自2019年1月1日起，跨境电子商务零售进口政策将调整内容如下。

一是，明确跨境电子商务零售进口商品监管的总体原则。跨境电子商务零售进口不同于一般贸易，主要是满足国内居民品质化、多元化的消费需求，必须是直接面对消费者且仅限于个人自用；明确对跨境电子商务零售进口商品按个人自用进境物品监管，不执行首次进口许可批件、注册或备案要求；消费者自行承担相关风险。这是有关具体监管要求的基础，也是行业企业最为关注的问题。

二是，统筹考虑促进行业发展和保护消费者权益的要求，明确各参与主体责任：跨境电子商务企业承担商品质量安全主体责任；跨境电子商务平台须在境内办理工商登记，履行先行赔付责任；境内服务商受托承担如实申报责任；消费者承担纳税义务，自行承担相关风险；政府部门须对跨境电子商务零售进口商品进行质量安全风险监测。

三是，进一步加大支持力度，扩大政策适用范围至杭州等37个城市（地区）的跨境电子商务零售进口业务。

二、跨境电商综试区工作建议

（一）开展新政等相关培训

跨境电子商务相关企业众多，同时存在大量国内电子商务相关企业希望转型成为跨境电子商务零售进口及出口企业或其第三方服务商，这部分企业对进出口监督管理的法律、行政法规和国家有关规定并不完全了解，在转型过程中极易产生相关监管风险。建议各地跨境电商综试办结合实际情况，为企业、园区业务负责人开展新政等相关培训。

（二）督促跨境电子商务企业建立不合格商品召回制度

相关部门按照《通知》要求加大对跨境电子商务零售进口商品的监管力度，消除已销售商品的安全隐患。建议跨境电商综试办联合市市场监督管理局加强网络商品质量抽检工作，强化企业主体责任，督促跨境电子商务企业建立不合格和缺陷商品召回制度。

（三）指导跨境电子商务企业、平台落实消费者权益保护要求

建议跨境电商综试办依托市市场监督管理局、跨境电子商务商品质量安全

风险国家监测中心按照《通知》的要求进一步发挥跨境电子商务企业主体作用，以跨境电子商务平台为主要对象，指导跨境电子商务平台落实建立平台内交易规则、交易安全保障、不良信息处理等管理制度，建立风险防控体系，提升跨境消费纠纷解决效率。

（四）推进跨境电子商务主体数据部门间的共享

依据《通知》规定，包括跨境电子商务企业、平台和境内服务商在内的所有跨境电子商务相关企业，需在海关办理注册登记。而各监管部门根据不同使用目的对跨境电子商务主体数据均有需求。建议强化部门协同，推进海关、税务、外汇管理、线下园区等相关监管部门开放共享跨境电子商务主体数据，利于落实各项工作。

（五）建议出台跨境电子商务治理相关规章

市场监督局在实际操作后反映，自《通知》发布以来，虽然对于跨境电子商务的规范具有较大指导意义，但是若前文提到的平台主体是境外的平台经营者，则没有相应的处罚手段。从当前的执行情况看，文件的法律效力相对较低，对业务监管部门的监管支撑不足。希望出台相应的部门规章，明确国家对跨境电子商务的总体监管思路，明确相应路线图，从而为监管部门做好下一步的监管工作提供依据与参考。

（六）建议继续完善消费者退回商品的处理办法

消费者通过跨境电子商务渠道购买商品后，由于商品原因或者个人原因也可能申请退货。一般而言，跨境商品退货是比较常见的现象，但从行业经验来看，跨境商品整体退货率约为5%，服饰类商品最高可达30%。根据规定，消费者退回的跨境电子商务零售商品应当符合二次销售要求，并自海关放行之日起30天内以原状运抵原监管作业场所。然而，对超出30天的历史退货尚未有明确的操作规则。据天猫国际、网易考拉等企业反映，由于退货环节多、与消费者沟通需要时间等原因，走完一整套退货流程（从消费者提出退货申请到货物退运入区）大概需要15天时间。因而在实践中发现，虽然规定企业跨境退货商品申请时间为自海关放行之日起30天内，但是企业收到退货申请多数发生在商品发出后的15～20天，剩下处置时间便不足15天，这样便无法在规定时间内完成所有退货程序。结果便是影响消费者跨境电子商务个人额度返还，产生大量消费者投诉。对于此类情况，一般企业只能在线下与消费者协商，并由企业承担相关费用。并且，这些商品由于不能及时退回保税区做二次处理，只能暂时滞留区外，因而无法形成物流闭环。据网易考拉等企业反映，因各种原因无法退入保税区的各类跨境商品约数十万件，货值达上亿元，都滞留在保税区外的仓库，部分已因效期问题报废。

综合企业诉求，建议开辟超过30天的退货入保税区并退税、返还跨境电子商务消费额的政策渠道，或允许所退税款从企业下期汇总征税中扣减，或允许“不退不征”，即允许区外商品退回保税区再次售卖。

（七）建议放开跨境电子商务溯源体系建设

根据主管部门相关规定，跨境电子商务企业应建立网购保税进口商品质量追溯体系。此外，部分试点城市也已经着手制订各自地区的溯源方案，且大多要求辖区内企业使用本地方案。然而，各地的溯源方案标准不一、形式各异，有的甚至指定机构独家经营，使跨境电子商务企业在各口岸重复对接，甚至同一跨境平台销售的商品溯源方案也不统一。假设消费者从同一跨境电子商务平台上购买一批物品，其中包含从全国各个口岸发货的跨境电子商务商品，此时消费者就会对各地不同的溯源码感到疑惑。同时，部分地区要求在商品上粘贴实体溯源码，这会影响企业在全国各地仓开展口岸调拨业务，也会影响商品属性由跨境电子商务转一般贸易等业务，这不但降低了商业效率，增加了商家运营成本，也给消费者造成了心理困扰。

根据企业反映，商品溯源应当是一种企业主体责任行为，建议监管部门加快研究出台跨境电子商务溯源体系建设相关指导意见，明确溯源体系建设要求和通用标准，应该鼓励有能力的平台和商家自建溯源体系，同时鼓励建设第三方溯源系统，为没有自建能力的中小商家提供市场化服务。允许企业通过自建体系或者采用第三方体系的方式开展溯源。

（八）全面落实跨境电子商务零售进口正面清单商品免于执行准入前注册审批等前置要求的规定

跨境电子商务零售进口解决的是消费者对境外品牌和商品的即时和多元化需求，国家已确认“按个人自用进境物品”监管原则作为长期的制度安排，不执行有关商品首次进口许可批件、注册或备案的要求。但在政策落地时，实际效果受具体执法要求的影响，导致正面清单内的部分商品无法真正落地开展业务。根据企业反映，如非疫情疫病区域和非疫情暴发期的宠物食品、燕窝等动物源性产品，部分口岸备案时仍要执行境外生产加工企业注册、检疫许可证、卫生证、原产地证的要求，隐形眼镜等已经进入正面清单的个人医疗器械商品中，仍无法免于前置审批手续而开展业务。此外，正面清单虽几经调整，但更新频率仍跟不上市场需求变化，同时部分商品在未实际试点之前，相关主管部门也很难对其可行性和监管风险方面进行有效评估。

跨境零售进口业态本质上解决的是国内消费者对境外品牌和商品的即时和多元化需求，国家做出“按照个人自用进境物品”监管的制度安排，不执行有关商品首次进口许可批件、注册或备案要求，也正是对跨境零售进口业态这一本质需求的正面回应。但是据企业反映，在实际推进中，各口岸对于不同类目商品进境监管要求差异较大，对有些品类仍然部分按照一般贸易准入监管。例如，涉及3C认证的消费品，在部分口岸仍然无法顺利备案；已经进入正面清单的、消费者又确有需求的个人医疗器械商品，也仍无法免于前置审批手续而开展业务。为此，建议主管部门真正落实国家对跨境零售进口商品不执行准入前注册、备案、审批等前置要求的规定，推动正面清单商品真正能够更加便捷地到达消费者处。

三、跨境电子商务信用的监管与奖惩

在跨境电商交易过程中，不可避免地会出现一些信用缺失、信用欺诈问题，因此，不仅要从跨境电商信用信息的搜集、处理与信用评级等方面进行信用风险规避，还应从跨境电商信用的监管与奖惩上加强约束与激励。

（一）信用预警机制

信用预警机制是指在跨境电商交易主体做出决策前为其进行风险预控，规避信用风险的发生，旨在最大限度地降低信用风险造成的损失。

第一，对于多次出现信用纠纷的交易主体，跨境电商信用信息系统除了应及时发布警告、加强监管、规范其交易行为外，还应将其信用状况反馈至其贸易伙伴，提醒其交易伙伴注意风险防控，并及早采取措施进行风险规避，从而最大限度地降低信用风险造成的损失。

第二，加强“信用黑名单”数据库建设。跨境电商信用系统的监管部门应与政府部门、行业协会、跨境电商平台、银行、金融机构等其他各相关方加强联动，促进相互之间信用信息的传递与共享，共同丰富跨境电商的“信用黑名单”数据库。在跨境电商交易过程中，对于短时间内连续多次出现信用缺失、恶意欺诈、信用纠纷的交易主体，经核实无误后，将其加入“信用黑名单”。与此同时，系统应充分发挥“信用黑名单”在信用风险规避中的关键作用，及时更新“信用黑名单”的数据，定期在系统的网络平台内发布“信用黑名单”信息，以方便跨境电商的参与者及时进行风险防控，从而降低可能的经济损失。

（二）信用奖惩措施

为最大限度地发挥跨境电商信用信息系统的奖惩效用，系统的监管部门应积极与政府部门、行业协会、跨境电商平台、银行、其他金融机构、征信机构合作，只有在各方的共同作用下，系统的奖惩措施才能充分发挥效用，达到约束失信行为，提升守信意愿的目的。

1. 信用奖励措施

应积极选取多种切实有效的奖励措施，鼓励交易者积极主动提高自身信用。首先，跨境电商的信用信息系统应更人性化和个性化。当今时代，人们更多地追求人性化、便利化、个性化，信用信息系统也是如此。当交易一方的信用获得对方的肯定与褒奖时，系统可给予其一定的精神或物质奖励，从而更好地调动交易者的积极性。其次，系统的监管部门可以在自身平台中设立优先推荐名额，使跨境电商中信用等级较高的参与主体获得优先推荐。交易主体的信用优势在增强其竞争力的同时，还能为其带来更多的机会。此外，对于长期信用记录良好的交易主体，系统的监管部门可与海关部门合作，通过部分交易品免检免审或提供某些审查手续的价格优惠来回馈它们。最后，以上奖励的时效必须是有限的，有效期过后应重新评选，并随交易规模的扩大而不断增加名额，如此既能防止跨境电商参与者消极懈怠、不重信用，又能激励它们不断加强自身的信用管理。

2. 信用惩罚措施

在跨境电商信用信息系统中，仅有相应的鼓励机制是远远不够的，还需一定的惩戒措施加以约束，只有奖惩机制并行，跨境网络交易信用才能真正从根本上得到改善。所谓信用的惩罚机制就是指通过信用信息的共享与传播，借助法律与社会道德的力量，惩罚跨境电商交易中的背信者，从而提高失信行为的成本，降低信用风险。首先，对于跨境电商失信者的背信行为，系统应及时予以曝光，并公开通报批评，同时将失信方的信息反馈给政府部门、行业协会、跨境电商平台、银行、金融机构等各方，并在网络平台上予以发布。其次，为惩罚跨境电商交易中的背信者，系统应及时下调其信用等级，并提升其信用评估的频率。对跨境电商的交易主体而言，信用等级的降低可削弱其未来交易能力，降低其期望收益率。当失信行为所带来的效益低于失信的成本时，交易主体必然选择守信策略。因此，系统可通过下调其信用等级，达到约束其失信行为，提高其信用水平的目的。最后，系统的监管部门、政府部门、行业协会、跨境电商平台、银行、金融机构等其他各相关方应相互配合共同规制跨境电商交易中的失信行为。跨境电商平台需根据交易主体的失信行为的严重性，适当限制其跨境电商交易活动，情节严重者当追究其法律责任；在通关检验的过程中，海关部门应将其列为重点盘查对象；行业协会可在行业内部定期通报其信用信息，严格监督其信用状况；银行等金融机构可降低其信用等级，采用停止借贷业务、延办结算手续等惩罚手段。

（三）信用申诉机制

在跨境电商交易中，信用纠纷问题十分常见，故在跨境电商信用系统构建中，除预警机制、奖惩机制外，还需一定的申诉措施来进一步解决跨境电商交易中的信用纠纷问题。

当跨境电商的交易主体对信用纠纷存在异议时，可利用申诉手段进行自我辩护，经信用纠纷处理部门审查取证后，做出公平裁决。信用纠纷处理部门在处理信用申诉时应充分兼顾效率与公平，切不可片面追求审查工作的效率，轻率定论，导致裁决不公；也不可懒散拖沓，浪费时间，增加申诉工作的成本。同时，信用纠纷处理部门应统一申诉机制的标准，谨防跨境电商参与者的投机行为。此外，在统一标准的基础上，允许行业协会根据行业的实际情况对申诉的流程与时序进行调整，真正做到标准统一、差别兼顾。

第五节　跨境电子商务对自主品牌培育的带动作用

出口跨境电子商务经过数年的孕育和发展，已经让一部分工厂型的跨境卖家意识到了培养品牌的重要性。供应链管理水平与产品品牌经营能力将成为出口跨境电子商务卖家的核心竞争力，就卖家自身而言，品牌化将成为其持续竞争的内生动力。

一、中国自主品牌的发展现状

中国自主品牌建设正在从单纯的产品质量阶段、广告营销阶段、技术和模式创新阶段向品牌个性阶段、体系质量阶段、品牌生态培育阶段、国家整体品牌形象塑造阶段转型升级。中国自主品牌经过改革开放40多年的积累和由粗放向精细的发展，在新旧动能转换中发挥着引领作用，自此，中国自主品牌建设迎来了真正的以世界眼光、国际标准、中国特色塑造品牌的科学发展新阶段。

本部分将结合传统国际贸易发展自主品牌的背景，从发展现状、走出去的壁垒和难点三个方面，对自主品牌的发展现状进行分析评价。

（一）自主品牌在传统贸易环境下培育的现状

2021年度《财富》世界500强榜单中，上榜的中国企业数量达143家，较2020年增加10家，上榜企业数量再次超过美国122家，蝉联榜首，我国企业的规模与品牌价值正在快速上升。我国自主品牌在传统贸易环境下的发展呈现四大亮点：一是自主品牌建设全面升级；二是“中国制造”向高品质迈进；三是自主品牌的国际影响力大幅提升；四是创新引领品牌发展成为共识。

诚然，我国自主品牌建设取得了骄人的成绩，但由于受传统贸易环境固有模式缺陷的影响，中国外贸出口生产商和贸易商往往很难直接针对境外消费市场开展直接营销，这加大了培育自主品牌、提升品牌国际竞争力的难度。其中，主要存在如下问题。

1. 传统贸易模式已成为制约自主品牌高速发展的主因之一

我国传统对外贸易形式在诸多方面已表现出不符合新零售业和新贸易模式发展的趋势：中间环节过于烦琐，交易成本居高不下；割裂的国际产业链，信息不畅造成产能过剩，品牌效应不强；新技术、新手段无法依托传统模式释放出最大效用。以上这些因素制约着我国自主品牌的建设和发展，无法进一步提升自主品牌的国际竞争力。

2. 传统贸易模式不适合新的国际贸易规则

中国自主品牌企业特别是小微企业面临着新型国际贸易规则的适应压力。在传统贸易环境下，自主品牌企业处于一个相对稳定的贸易竞争和贸易关联状态。跨境电子商务的发展，逐渐打破了旧有的贸易网络，诸多原有的贸易关系不复存在，新的贸易关系不断呈现。这些变化都成为中国自主品牌企业面临的挑战。

3. 传统贸易模式不利于小微企业塑造自主品牌

传统贸易环境下，小微企业处于相对弱势地位，话语权很小，甚至没有话语权。国内众多小微企业在传统贸易模式下，长期处于贴牌加工生产的地位。小微企业受渠道、资金、产品和技术等方面的制约，面对跨国大公司的竞争，无法通过集聚各类资源，发展自身的品牌，进行品牌的塑造。

（二）自主品牌并购国际品牌过程中的壁垒

并购国际品牌可以加快自主品牌的建设与发展，但并购过程并非一帆风顺，常会遇到一些壁垒。

1. 东道国的政策保护

近年来，随着中国对外投资覆盖的行业及国家与地区的不断扩大，中国企业跨国并购国际品牌的投资规模越来越大，且并购涉及的高端技术项目不断增加，而一些东道国出于对本国品牌的保护，对来自中国的并购投资设置各种壁垒，以国家安全等理由进行干预，对中国企业的跨国并购行为进行过度解读。

2. 缺乏并购国际品牌的政策引导

由于中国跨国并购起步较晚，并购跨国品牌经验尚且不足，实践中存在跟风冒进的现象，有一部分实际上与我国对外投资的产业政策要求不符合，比如大规模盲目投向体育、娱乐等领域的品牌并购，对国内产业发展的意义不大。自主品牌并购国际品牌要符合国家产业政策，要根据我国各产业的国际竞争力状况进行。

3. 企业跨国并购的服务体系不完善

跨国并购涉及东道国法律、财务等规则，而由于我国中介服务不够完善，国内企业通常需要高价聘请国外中介提供服务，国内自主品牌在跨国并购过程中获得中介服务的成本过高，对企业顺利推进跨国并购不利。

4. 跨国并购中的“中国溢价”现象

所谓“中国溢价”现象是指在跨国并购中，多家中国企业为了竞购目标企业，常报出远高于目标企业正常市场价值的竞标价格的现象，甚至有些国外企业为了抬高并购价格会有意邀请中国企业参加竞价，其目的是多拉几家中国企业去相互抬价，甚至只要有中国竞购者加入，海外卖家就直接抬高收购价。

5. 跨国并购后的整合问题

跨国并购并非国内外企业的简单相加，其涉及企业全球战略、组织结构和文化等多方面的整合，因此必须通过有效的整合使被并购的国外企业和原有企业形成一个有机的整体，这样才能实现并购的目标，最终起到促进国内产业升级的作用。

（三）自主品牌培育过程中遇到的难点

在自主品牌培育的过程中，依然存在一些难点，特别是小微企业由于自身实力和资源的不足，面临的困难更大。

1. 培育时间短，品牌缺少强势效应

我国的品牌建设，除少数大型企业有长达30年的培育时间，大部分小微企业创立时间不长，面临培育时间短、品牌效应不足的困境。

2. 核心技术缺乏支持，资本与人才投入不足

过去“中国制造”大多处于制造业价值链的低端，核心技术不足，缺少有自主知识产权的专利和技术标准的产品。当前国内企业的创新能力与研发能力日益增强，但与欧美发达国家的企业相比，还存在一定的差距，特别是小微企业，在核心技术研发投入上捉襟见肘，难以进行大规模的核心技术创新升级。

3. 国际分销渠道掌控力缺失

传统贸易模式下，国际分销渠道的最后一段，往往掌握在国外渠道商的手中。在这种情况下，具有渠道管理能力的企业，才有通过分销渠道影响境外消费者的能力。渠道的缺失，还包括缺少在中间环节的批发、分销等系统中的掌控能力，从而不能形成对行业中各种渠道的管控能力。在传统贸易模式下，我国企业对分销渠道的掌控较弱，导致无法开展品牌运营。

4. 疏于管理，影响品牌形象

中国自主品牌企业，无论是大型企业还是中小微型企业，对品牌形象的重视程度均落后于国外企业，多数不成功的品牌建设都源于企业自身的管理经营不善，从而影响到企业品牌形象。

二、跨境电子商务对自主品牌培育的带动作用

跨境电子商务平台作为交易磋商与服务的载体，具有跨空间、跨文化、跨社会心理的特点，在平台各种规则机制的调整下，卖家和买家之间有平等的交

易模式，能消除虚假影响，卖家可以更专注于做好产品、营销和服务，从价格竞争阶段，进入差异化品牌竞争阶段，从而推动对自主品牌的培育。

（一）跨境电子商务对传统贸易流通环节的变革

跨境电子商务的迅速崛起，加快了全球商品贸易流通速度，从而有效减少了传统贸易流通的环节，使其产生了重大变革，同时传统的订单模式正在悄无声息地发生着变化：越来越多的大额订单被小额订单所取代。这些小额订单正是小微企业在互联网模式下生存发展壮大的见证。依据我国商务部的统计，2019年我国小微企业在跨境电子商务平台注册的比例已经达到95%以上，这充分说明跨境电子商务平台已经成为我国小微企业发展的重要阵地。跨境电子商务在国际贸易流通环节的优势主要体现在以下几个方面。

1. 跨境电子商务有效地减少了贸易流通的环节，商品交易的效率不断提高

以国内小微企业生产的商品销售给外国的消费者为例，传统贸易模式是首先由国内小微企业制造商生产产品作为起点，再将产品销售给外国的进口商。之后，贸易流通过程中的其他环节，均不由我国国内生产商或出口商控制。后续的营销、品牌培育等过程，由外国进口商、外国批发商以及外国零售商控制，此后基于品牌价值的收益，均由外国的企业所获取。

跨境电子商务模式是提供多样性的国际流通环节的组织，既可以提供跨境电子商务平台，直接面对外国消费者，也可以把商品大批量卖给外国网商，即使采用了第一、第二条路径，仍然可以对外国消费者开展营销，培育消费者的品牌忠诚度。

由传统贸易和跨境电子商务贸易的流通环节与过程的比较，可知跨境电子商务组织了多种形式的商品传递过程以及直接的信息传递与沟通，从而为品牌营销提供了便利。

2. 跨境电子商务的贸易模式有效地增强了企业的盈利能力

通过跨境电子商务平台，小微企业打破了中间商的垄断，消费者可以在互联网平台上挑选适合自己的产品，跨境电子商务平台已经取代了中间商成为小微企业服务的平台，不断为小微企业提供服务，降低其成本，增加其利润。

3. 小微企业参与跨境电子商务门槛较低，参与外贸变得越来越容易

某些跨境电子商务平台在为小微企业提供通关、集货配送等服务时收取较低的费用，这为小微企业在不具备进出口资质的情况下提供高效低价服务做出了重要的贡献。

4. 跨境电子商务有效强化了小微企业产品的市场定位

发展相对成熟的跨境电子商务平台有专业的团队对小微企业的产品进行把控和操作，可以有效引导小微企业开展有针对性的创新，帮助其对客户进行精准定位，寻找到真正有需求的客户。

（二）跨境电子商务背景下发展自主品牌的机遇

各跨境电子商务企业的品牌发展体系不完善、不成熟是它们所面临的一个重大历史机遇，说明自身的品牌建设空间非常大。在这些跨境电子商务企业中，有些是依靠自身成长发展起来的知名跨境电子商务平台企业，也有依托原有品牌发展起来的知名跨境电子商务企业，但更多的跨境电子商务企业还是无名之辈，无论是在国际上还是在国内都没有较高的知名度和品牌影响力。因此，以品牌建设谋求长远发展是我国跨境电子商务企业今后工作中的一个重要发展方向。

1. 以各国政策与平台规则为导向，强化品牌意识

越来越多的中国企业借助跨境电子商务模式进军全球市场，中国品牌也逐渐撕掉了贴在中国制造产品上“廉价”“无新意”的标签。近年来，“品牌出海”成为跨境电子商务行业的主旋律，各大电子商务平台也将工作重心放在助力卖家实现品牌化上，如“国货之光”计划、“千帆计划”、“品牌+计划”等助力具有制造能力和品牌基础的传统出口企业建立品牌效应，有力推动了中小卖家的“品牌出海”。

2. 以产品创新为核心，增强品牌竞争力

在跨境电子商务的发展初期，传统的“铺货”模式一定程度上能够帮助跨境卖家打开市场，但在自主品牌建设方面存在巨大风险。近年来，越来越多的跨境电子商务卖家基于我国供应链资源优势和生产制造能力，不断优化自身的产品。企业与消费者之间的关联是通过产品建立起来的，如何打造产品直接关

系到消费者的体验，更是自主品牌建设中的核心动力。越来越多的企业开始打造精品模式，推动自身的产品创新，提升自主品牌的核心竞争力。

3. 以渠道拓展为路径，提升品牌认知度

在跨境电子商务发展的背景下，企业能够通过跨境电子商务平台和自有的独立站将产品对接到全球市场，同时借助互联网媒介进行跨媒介的数字化营销。近年来，越来越多的企业基于跨境电子商务的线上渠道，进一步拓展海外市场的线下渠道；与此同时，多样化的互联网媒介成为企业产品展示和品牌宣传的有效渠道。多渠道的销售模式和多媒介的推广模式逐渐成为跨境电子商务背景下的企业运营模式，多渠道拓展极大地提升了企业与消费者的沟通效率，优化了产品的服务质量，品牌的认知度也得到进一步提升。

（三）跨境电子商务自主品牌的成长模式

在跨境电子商务环境下，我国企业出现多种自主品牌成长模式。根据典型企业、成长轨迹和发展类型，归纳出四种最为典型的跨境电子商务自主品牌成长模式，包括产品品牌成长模式、品类品牌成长模式、渠道品牌成长模式和服务品牌成长模式。跨境电子商务不仅能为产品塑造品牌，还能依托社交形象、传统老字号、区域经济及传统专业市场等培育国际品牌。

1. 跨境电子商务产品品牌成长模式

跨境电子商务产品品牌是指企业以产品创新为核心，不断提升产品品质，完善产品功能与设计，在优质产品迭代的过程中打造自主品牌，从而形成以产品优化为特征的跨境电子商务自主品牌成长模式。该企业的特点是有很强的产品研发和设计能力，产品的SKU相对比较少。如安克创新，主要生产移动电源、充电器、蓝牙外设、数据线等智能数码相关产品，用技术创新来满足消费者对于产品品质、功能、设计等方面的需求，以产品创新来提升安克品牌在国际市场上的竞争力，从而在北美、日本及欧洲市场实现自主品牌的快速成长。

2. 跨境电子商务品类品牌成长模式

跨境电子商务品类品牌是以生产或销售与某垂直类别相关的产品为主的品牌。其特点是产品的类别比较聚焦，核心优势是深耕垂直行业供应链和用户深度运营。但在这一类别中，要提供比其他百货渠道更丰富、更全面和更专业的选择。在跨境电子商务背景下，企业借助新型贸易模式和互联网媒介，根据海外消费者的需求，设计、生产对应的上下品类产品，从而打造自有品牌。如SHEIN服饰精准把握海外消费者需求，以休闲时尚风格女装为主要产品，通过品牌化运营，打造跨境电子商务的快时尚自主品牌成长模式，业务范围辐射到美洲、欧洲、亚洲、大洋洲和非洲等市场，在全球范围内拥有上千万粉丝。

3. 跨境电子商务渠道品牌成长模式

跨境电子商务渠道是指企业在海外市场搭建的跨境电子商务平台借助跨境电子商务模式对接国内供应商和海外消费者，即通过平台建设与运营，满足海外消费者的购买需求。该类企业围绕购买过程和用户体验，提升平台的服务质量和水平，打造跨境电子商务平台的渠道品牌。如执御扎根中东市场，以自营模式为主，通过搭建跨境电子商务平台，建立价格机制，并负责后续的运营、推广、头程和物流等环节，实现了跨境电子商务渠道品牌的创建与成长。

4. 跨境电子商务服务品牌成长模式

跨境电子商务服务是指在企业与海外消费者进行跨境电子商务交易的过程中，服务于整个过程的支撑环节，如支付、物流、法律等。跨境电子商务的服务质量直接影响海外消费者的购买体验，服务品牌的打造关系到跨境电子商务交易过程的效率和质量。如连连支付面向跨境电子商务企业端，为全球跨境电子商务中小企业提供优质、高效的服务，占据了跨境收款市场，并逐渐形成跨境电子商务的服务品牌效应。

第六节 跨境电商综试区评价体系构建

一、评价体系构建

跨境电子商务迅猛发展的同时，新问题层出不穷，其所涉及的交易、税收、电子支付、消费者权益保障等一系列问题对电子商务法律体系的建立和完善提出了更高的要求。对于跨境电子商务业，目前已经有《中华人民共和国电子商务法》等几部相关法律法规，对于跨境电子商务涉及的交易、税收及消费者权益保障等方面已有专门的规范和标准。另外，对于不同的电子商务经营者重点关注的诸如法律管辖冲突、隐私权与消费者保护问题，电子商务交易平台的法律责任问题，跨境电子商务兼并收购的法律问题等，未来有极大的立法空间。

根据政府工作实践，宏观政策包含减税降费、政府采购引导、产业配套及制度标准制定等。在跨境电子商务发展的过程中，政府可以为企业提供与产业发展相关的硬件条件，比如对供应链中的物流网络及物流设施进行系统性的规划，为相关大型项目的建设提供财政补助及政策辅助。在产业政策的刺激下，企业的营业收入能够快速增加。

为进一步激发消费潜力，满足国内消费者日趋多元化、个性化的消费需求，国家有关部委延续和完善了跨境电子商务零售进口政策并扩大适用范围，部署推进物流枢纽布局与建设的战略。国家依托跨境电商综试区与其他综合保税区重点发展保税B2B、B2C进出口业务，推动企业、行业发展，同时通过政策引导、环境氛围营造构建起了跨境电子商务生态的支撑体系。

在这一大背景下，国内消费者逐渐适应在跨境进口电子商务平台中通过跨境电子商务企业、平台和支付、物流服务商所提供的优质服务来满足自己的个性化、差异化需求。

基于上述思考，遵循综合评价指标体系设计的原则，本书构建了包括跨境电子商务覆盖面、跨境电子商务渗透率、基础能力、生态潜力四个维度的指标体系（表2-1）。其中，跨境电子商务覆盖面立足于宏观角度，反映当前跨境电商综试区发展的广度状况。跨境电子商务渗透率立足于纵向角度，反映当前跨境电商综试区发展的深度状况。基础能力，基于总量（规模）指标，反映当前跨境电子商务综试区发展的基本状况。生态潜力则立足于地区视角，从区域的跨境电子商务创新活跃程度、跨境电子商务生态发展状态、跨境电子商务人力资源水平及政府政策创新、扶持效率等角度综合反映综试区进一步发展的潜力。

表2-1　跨境电商综试区综合发展水平的测度体系及指标权重

指标	一级指标	指标解释
跨境电子商务覆盖面	核心指标	从广度上反映了跨境电子商务对该地区产业的影响程度
跨境电子商务渗透率	核心指标	从深度上反映了跨境电子商务对该地区产业的影响程度
基础能力	进出口总额	一般贸易与跨境电子商务交易总额
	跨境电子商务企业数量	体现了该区域从事跨境电子商务交易的企业规模
	跨境电子商务交易额	说明了该地区跨境电子商务的基本发展状态
	跨境电子商务产业规模	说明了该地区跨境电子商务的产业支撑力度
生态潜力	跨境电子商务创新能力	说明了该区域跨境电子商务创新的活跃程度，可以新产品、新服务、新模式的数S来衡量
	跨境电子商务生态发展水平	体现了该区域跨境电子商务生态的布局状况，包含平台、制造、设计、金融、物流、运营、营销、其他服务商等
	跨境电子商务人力资源水平	体现了该区域跨境电子商务人才从业数量和状况
	与跨境电子商务相关的政策、法规的创新内容数	说明了政府的政策创新强度，以及对跨境电子商务的扶持力度

由于目前国家鼓励跨境电子商务企业快速发展，除了适用一般贸易领域的出口退税、研发费用抵扣、产业园租金补贴、各类工商注册登记费用减免、人才引进费用补贴等优惠政策外，在部分地区具体的扶持配套举措还包含或新出台了增值税VAT（value aded tax）无票免税措施、通关便利化措施、收结汇便利化措施等利好政策。这些因素可视为与跨境电子商务相关的政策、法规的创新内容数。

跨境电子商务交易额是按照海关口径统计、商务部口径统计，还是按照综试区自证交易口径统计，是需要各地统一标准的。

二、应用价值

由于综试区主要是通过政府监管与服务加快跨境电子商务发展，针对全国跨境电商综试区外贸基础不同、互联网环境不同、政策扶持力度不同等诸多问题，跨境电子商务覆盖面、渗透率测度算法的建立，应用价值体现在以下几方面。

第一，有利于各地跨境电商综试区拥有统一的、标准化的评价指标，为发展不平衡的各地跨境电商综试区，提供一个起点相对公平的参照体系。

第二，有利于各地政府明确跨境电商综试区的发展方向，聚焦工作重心，优化行政资源配置。

第三，有利于国家评估各地跨境电商综试区建设进展，为下一步工作部署提供决策依据。

第三章　跨境电商发展策略

第一节　跨境电子商务的营销战略

一、跨境电子商务的定价策略

在跨境电商平台，一般而言，对排序起着重要影响的两大因素分别是销量和关键词。而影响销量的最关键因素在于价格。讲价格之前先解释以下几个名词。

上架价格（LP）：即产品在上传时所填的价格。

销售价格/折后价（DP）：即产品在店铺折扣下显示的价格。

成交价格（OP）：用户在最终下单后所支付的单位价格。

这几个价格直接的联系是：

销售价格=上架价格×折扣

成交价格=销售价格−营销优惠（满立减、优惠券、卖家手动优惠）

搞清楚这几个价格的关系，那么我们就可以有针对性地对不同定位的产品采取不一样的定价策略。

（一）狂人策略

狂人策略，指研究同行业卖家、同质产品销售价格，确定行业最低价，以最低价减（15%）为产品销售价格。用销售价格倒推上架价格，不计得失确定成交价。

这样，上架价格又可以两种思路来做。

（1）上架价格=销售价格/（1−15%）。此策略费钱，可以用重金打造爆款，简单、粗暴、有效；但不可持续，风险较大。

（2）上架价格=销售价格/（1−30%）。此策略微保守一些，可以通过后期调整折扣来让销售价格回到正常水平。

两种定价思路都可以在15%折扣下平出或者略亏，作为引流爆款。

（二）稳重策略

比较稳妥的方式是通过计算产品的成本价，根据成本价+利润来确定产品的销售价格。

产品的销售价格确定后，根据店铺营销的安排，确定上架价格。

例如：产品成本是3美元，按照速卖通目前的平均毛利润率（15%），还有固定成交速卖通佣金费率5%，以及部分订单产生的联盟费用3%～5%。我们可以推算。

销售价格=3+（1−0.05−0.05）+（1−0.15）=3.92（美元）

再保守点，销售价格=3+（1−0.05−0.05−0.15）=4（美元）

其中，5%的联盟佣金并不是所有订单都会产生，但考虑到部分满立减、店铺优惠券、直通车等营销投入，以5%作为营销费用，基本没有差错。

当然，其中还可以加入丢包及纠纷损失的投入，按照邮政小包1%的丢包率来算，又可以得到。

销售价格=3+（1−0.05−0.05−0.01）+（1−0.15）=3.96（美元）

再保守点，销售价格=3+（1−0.05−0.05−0.15−0.01）=4.05（美元）

得到销售价格后，需要考虑该产品是通过活动还是作为一般款来销售。

假如作为活动款，那么，按照平台通常活动折扣要求按40%来计算。

上架价格=销售价格+（1−0.4）

平时40%的折扣，活动最高可以到50%。

（三）作为一般款销售

上架价格=销售价格+（1−0.3），平时30%的折扣。

建议折扣参数不低于15%，因为平台大促所要求的折扣不高于50%，折扣过大容易产生虚假折扣的嫌疑。而根据速卖通官方的统计，30%左右的折扣是买家最钟情的，属于合理预期范围。

对于50%折扣的活动要求，基于以上定价的模式，基本上相当于平出，不会亏本或者略亏，假如客户购买两个及以上，就可以赚到一笔。

二、跨境电子商务的报价策略

（一）报价前充分准备

首先，认真分析客户的购买意愿，了解他们的真正需求，才能拟出一份有的放矢的好报价单。有些客户将价格低作为最重要的因素，一开始就报给他接近底线的价格，那么赢得订单的可能性就大。

其次，做好市场跟踪调研，清楚市场的最新动态。由于市场信息透明度高，市场价格变化更加迅速，因此，出口商必须依据最新的行情报出价格——“随行就市”，买卖才有成交的可能。

经验之谈是，业务人员经常去工厂一带搜集货源，对当地一些厂家的卖价很清楚。同时，作为长期经营单一品种的专业公司，由于长时间在业内经营拓展，不但了解这个行业的发展和价格变化历史，而且能对近期的走势做出合理的分析和预测。

（二）选择合适的价格术语

在一份报价中，价格术语是核心部分之一。因为采用哪一种价格术语实际上就决定了买卖双方的责权、利润的划分。所以，出口商在拟就一份报价前，除要尽量满足客户的要求外，自己也要充分了解各种价格术语的真正内涵并认真选择，然后根据已选择的价格术语进行报价。

FOB，又称离岸价。按离岸价进行的交易，买方负责派船接运货物，卖方应在合同规定的装运港和规定的期限内将货物装上买方指定的船只，并及时通知买方。选择以FOB价成交，在运费和保险费波动不稳的市场条件下于自己有利。但也有许多被动的方面，比如，由于进口商延迟派船，或因各种情况导致装船期延迟、船名变更，就会使出口商增加仓储等费用的支出，或因此而迟收货款造成利息损失。出口商对出口货物的控制方面，在FOB价条件下，由于是进口商与承运人联系派船的，货物一旦装船，出口商即使想要在运输途中或目的地转卖货物，或采取其他补救措施，也会颇费一些周折。

CIF，又称到岸价，即“成本、保险费加运费”，是指在装运港当货物越过船舷时卖方即完成交货。在CIF价出口的条件下，船货衔接问题可以得到较好的解决，使出口商有了更多的灵活性和机动性。在一般情况下，只要出口商保证所交运的货物符合合同规定，只要所交的单据齐全、正确，进口商就必须付款。

货物过船舷后，即使在进口商付款时货物遭受损坏或灭失，进口商也不得因货损而拒付货款。也就是说，以CIF价成交的出口合同是一种特定类型的“单据买卖”合同。一个精明的出口商，不但要能够把握自己所出售货物的品质、数量，而且应该把握货物运抵目的地及货款收取过程中的每一个环节。

对于货物的装载、运输、货物的风险控制都应该尽量取得一定的控制权，这样贸易的盈利才有保障。一些大的跨国公司，以自己可以在运输、保险方面得到优惠条件而要求出口商以FOB价成交，就是在保证自己的控制权。再如，出口日本的货物大部分都是FOB价，即使出口商提供很优惠的条件，也很难将价格条件改过来。所以到底是迎合买家的需要，还是坚持自己的原则，出口商在报价时多加斟酌十分必要。

在现在出口利润普遍不是很高的情况下，对于贸易全过程的每个环节精打细算比以往任何时候更显重要。国内有些出口企业的外销利润不错，他们的做法是，对外报价时，先报FOB价，使客户对本企业的商品价格有个比较，再询CIF价，并坚持在国内市场安排运输和保险。他们很坦城地说，这样做，不但可以给买家更多的选择，而且有时在运保费上还可以赚一点差价。

（三）利用合同其他要件

合同其他要件主要包括：付款方式、交货期、装运条款、保险条款等。在影响成交的因素中价格只是其中之一，如果能结合其他要件和客户商谈，价格的灵活性就要大一些。例如，对于印度、巴基斯坦等国家或地区的客户，有时给他们30天或60天远期付款的信用证的条件，或许会对他们具有很大的吸引力。

同时，还可以根据出口的地域特点、买家实力和性格特点、商品特点来调整报价。有的客户特别在意价格的高低，订单会下给报价最低的卖家，那么报价时就直接报你所能提供的最低价格。有的客户习惯于讨价还价，你所报出的价格，他如果没有砍一点下来就不太甘心，那么，第一次报价时可以预留出他希望砍掉的幅度。

而如果一种产品在一段时间里行情低迷，为了抢下订单，就不妨直接报出你的最低价。对于服装等季节性很强的商品，在你的报价中给客户承诺快速而又准时的交货期无疑可以让客户更关注你的报价单。

根据销售淡旺季，或者订单大小，也可以调整自己的报价策略。从事玻璃制品出口的陕西省轻工业品进出口公司的孟欣介绍，他们出口的产品品种规格多，所以对不同的国别、地区市场都定有比较统一的价格，回复外商查询时比较好处理，但也会根据不同的季节做一些调整。面对比较分散的订单，他们的报价往往在保证公司盈利的基础上，再予以灵活掌握。

（四）以综合实力取胜

对于自己的综合实力有信心，也就不用一味地以低价来取悦客户了。相关从业人员认为，报价要尽量专业一点，在报价以前或报价中设法提一些专业性的问题，显示自己对产品或行业很熟悉、很内行。所以，报价前，一方面要考虑客户的信誉，另一方面对自己的产品和质量要有信心。在与新客户打交道时，让客户了解清楚自己的情况很重要，比如请他们去看工厂，让他们了解自己的运作程序，这样客户下单时就更容易下决心。

同时，非常了解和熟悉该行业的外商能够从你的报价中觉察到，你是否也是该行业中的老手，并判断你的可信度，过低的价格反而让客户觉得你不可信、不专业。例如，如果市场行情是每平方米1万元左右，你给客户报每平方米1.5万元，就显示出你是一个外行或新手，外商对类似的报价肯定不感兴趣，哪还敢给你下单。所以，看你报什么价就知道你是不是行家。

最后，在对新客户报价前，一定要尽量让他了解公司的实力和业务运作模式。只有对自己和公司具有充分的信心时，客户才有可能考虑你的交易条件，很多没有经验的出口商常会忽略这一点。虽然目前很多外商到处比价询盘，但良好的公司形象和口碑能够帮助你吸引和留住客户。可以说，良好的公司形象就是招徕客户的金字招牌。

三、跨境电子商务的渠道策略

全渠道运营代表着跨境电商的思路，是跨境电商的不二做法。不是什么都做，而是要关注所有方式，不带偏见。根据实际情况，找一条适合自己的路径。

跨境电商渠道，从大类上来讲，可以分为以下三大类（表3–1）。

表3–1　跨境电子商务渠道分类

第三方平台模式	分销模式	自建商城模式
市场进入成本低	低风险	自主营销策略
快速进入本地市场	低成本	建立自有客户数据库
固定的营销成本	低利润、高折扣	高利润率
竞争激烈（透明的比价）	无法建立品牌	建立自有品牌
无法建立客户数据库	无法建立客户数据库	高成本、高风险

（1）第三方平台模式。典型代表就是速卖通、eBay、亚马逊、乐天等，需要强调的是，就像中国除了淘宝、京东，还有麦包包一样，在海外还存在很多不够开放和国际化的电商平台，但这些电商平台的定位可能恰好与你的品类匹配，而且成本相对低，也许对于一些商家来讲是更好的选择，如newegg、ebags、etoys等。建议新入行的从此类渠道尝试开始。

（2）分销模式。分销模式对于国内外贸工厂转型跨境电商来讲，这不是一个战术的调整，而是一个战略的调整。电商销售端只是其中一个难点方面，供应链从OEM来单生产、批量生产向电商零售转变，尤其是起初订单量小的时候，工厂还是会遇到不少障碍点的。这时，小步转型，先尝试着给跨境电商大卖家、海外零售终端或海外电商卖家供货，习惯电商的下单方式，又给自己一个战略转变的空间，也许会更稳妥。

（3）自建商城模式。对于有个品牌梦的从业者来讲，其实自建商城变成了不得不选的渠道。平台出于各种考虑，规则多变，而外贸工厂很难跟上节奏；分销只是在原有基础上小步向前，唯有自建平台了。

第二节　跨境电子商务客户关系管理策略

客户关系管理的理论源于西方的市场营销理论，最早产生于美国并得到发展。在市场营销中，为了使顾客满意，企业必须准确掌握顾客的各种信息，把握顾客的各种需求，适应个性化的需要，提供更便捷的服务。20世纪90年代以后，伴随互联网和电子商务的大潮，客户关系管理不断得到提升和完善。

客户关系管理的概念，从不同的角度出发有不同的理解。结合营销理念、业务流程和技术支持三个方面的特点，可将客户关系管理定义为：客户关系管理是现代信息技术、经营理念和管理思想的结合体，它以信息技术为手段，以客户为中心，对业务流程进行重新组合和设计，形成一个自动化的解决方案，以提高客户的忠诚度，最终实现效益的提高和利润的增长。

该客户关系管理的定义满足了以下几点要求。

（1）比较全面地概括了目前企业界和理论界对于客户关系管理的各种认识和思考。

（2）比较系统地反映出客户关系管理的思想、方法和应用各层面的内容。

（3）比较科学地界定客户关系管理的应用价值。

客户关系管理所要追求的是顾客价值和关系价值之间的平衡，以实现价值的最大化。一方面，通过实现顾客价值提高顾客的满意度，促进其对供应商的忠诚，进一步增加该顾客的关系价值；另一方面，通过对关系价值的管理，企业将资源和能力集中在关系价值最高的顾客身上，为其提供高质量的产品或服务，满足其需要，进而实现顾客价值的最大化。信息技术支持了顾客价值最大化和关系价值管理这两项活动。

一、跨境电商客户关系管理的作用

网络时代的来临，客户关系管理给企业带来了前所未有的机遇和挑战，互联网上巨大的在线客户资源是未来企业赢得竞争优势的重要资源，对在线客户价值的管理势必成为企业未来的核心任务。在线客户价值的管理对企业的发展主要有以下两个方面的作用。

（一）整合在线客户资源，从而为客户提供更快、更周到的优质服务，提高客户满意度，吸引和维护更多高质量的客户

如何使客户满意并成为忠诚客户，是企业盈利的核心问题。在线客户时代，客户的需求更加个性化，更加多变，企业面临着产品与服务的快速更新换代，如果跟不上客户的需求，就会失去客户。在线客户价值管理就是要对在线客户的信息进行全面整合，了解他们的需求，它贯穿于企业的各个部门、各个层次的各项管理活动中，从而为客户提供更快速、更周到的优质服务。无论客户采取什么途径和企业联系，企业的各个部门都知道客户寻找的目标、购买习惯、付款偏好和最中意的产品等。客户的信息都在掌握之中，就可以通过区别化对待不同的客户来实现企业利润的最大化。

（二）降低企业的运营成本与客户的交易成本

实施在线客户价值管理后，企业将对客户需求和自身有进一步的了解，从而实现企业资源的整合，企业管理过程的规范化，企业员工客户服务意识增强，企业创新能力的提升。这些将大幅提高企业的运作效率，降低企业的运营成本，扩展企业的营利空间。

二、跨境电商客户的特点

互联网和电子商务行业的发展对电商行业来说，既是机遇，又是挑战，面对新的机遇和挑战，要抓住发展的战略机遇期，迎接面临的挑战。在竞争日益激烈的电子商务行业，如何紧紧抓住老客户，同时发展新客户，是每个电商企业都要认真思考的问题。有效识别潜在流失客户，进行自我完善，判断挽回的价值及可能性，进而采取相应措施，留住价值大的老客户，尽量减少损失，实现利益最大化，实现企业的发展。

与传统商务模式下的客户相比，由于在线客户所处的特殊消费环境和具有的特殊消费方式，使其呈现出许多有别于传统客户的新特点，主要体现在以下方面。

（一）在线客户进行在线消费不受地域限制和消费时间的影响

随着全球网络覆盖率的不断提高，在线客户和网络企业之间实现了互动的“零距离”。伴随电子商务发展而日益发达的物流系统，更使在线客户得到了前所未有的便捷的消费体验。在线客户可以足不出户享受到异地甚至异国的产品和服务，而以往产品因受地域限制而导致的消费时间的滞后性也相应减小。

（二）产品和服务的选择范围更大

由于网络突破了以往消费地域和消费时间的限制，使在线客户在同一时间相对于传统客户有机会对更多不同企业的同一产品进行考量。以往由于企业产品信息和客户消费信息的不对称性，而导致的客户往往只钟情于同一企业的产品和服务的观念正在日益淡化。在线客户对产品和服务选择空间更大，从而导致在线客户对企业忠诚的时效不断减小，流动性增大，在线客户资源的动态变化更加剧烈。

（三）在线购物互动性强

一方面，在线客户与商家互动机会增加。互联网为企业发布产品信息提供了前所未有的高速平台，可以实现企业产品生产和宣传的“零时差”，一些电子商务网站具备的社区特性和社会化商务模式，也增加了在线客户与商家之间进行互动的机会；另一方面，在线客户之间相互影响效应更为明显。通过互联网传递网络口碑信息使得商家影响力传播极为迅速，在线客户也更容易相互影响，快速地聚集成独特的网上团购客户群。

（四）在线客户需求具有更强的时效性

在瞬息万变的网络环境中，互联网使信息更新速度不断加快，在线客户的需求也会随着所接受信息的变化而更容易发生改变，这要求在线服务提供商能够更加快速地做出响应。近年来国内外购物网站大批量消失，导致这种现象的根本原因就是在一定周期内由于客户流失而成为无人问津的“僵尸站”。

（五）个性化需求强烈

网购市场产品和服务的丰富化、多样化和全球化促使消费者不再惧怕商家的挑战，而制定自己的消费准则。在线客户在选择产品和服务时更多取决于个人偏好，在线客户需求更加多样化和个性化。

三、跨境电商客户管理策略

（一）拉力策略

1．提高网站产品价格的竞争力

产品价格，无论对于实体企业还是像网站这样的利用互联网经营的企业，都是关乎生死存亡的问题。相较于传统的实体商店而言，网上商店可为客户呈现更为直观的商品及服务，这使交易和服务可以突破传统的时间和空间限制，客户随时随地能够精心挑选和货比三家，所以网站更应关注产品价格，在制定所售产品价格时必须考虑的因素将更多。追求物美价廉的消费心理使价格始终是消费者最敏感的因素。如果价格不够诱人将会很快被互联网所淘汰，但过低的价格，尽管有些时候具有吸引力，从长远来看，利用低价销售，将减少网站盈利，使网站后续的产品及服务降低，而且网络上过低的价格，将使用户对产品质量产生怀疑，基于此吸引来的客户很容易流失，忠诚度相对较低。因此，网站在实施有效的价格策略之前，必须对市场进行分析，以市场为导向，同时考虑本身网站经营成本，建立合适的价格机制。同时，可以通过明确产品价格优惠权限，通过产品和服务差异化转移网站客户对价格的敏感。

2. 巩固网站安全信任机制

与传统零售相比，网络市场是一个开放的市场，用户可以足不出户就买到所需产品，但在网络提供便捷服务的背后，因为其资金、产品、交易者时空相分，以及需要客户在交易中提供敏感的个人信息和财务信息，增加了交易的风险和不确定性，安全及信任问题一直是网站与用户共同关注的问题。通过对网上交易存在的问题进行调查发现，大部分用户认为目前网上交易存在的最大问题之一就是网站本身安全性及用户对网站不够信任。目前，对于用户交易过程中的隐私保证、安全保证、网站信息是否实事求是等问题，网站可以采取一系列措施，引进相关技术，确保网络安全。国家也要针对电子商务网站制定相关法律条文，规范网络环境，规范电子商务活动，降低用户网购风险。

3. 增强网站品牌效应

与在传统卖场中购物一样，用户在网购时更多的还是购买品牌商品。网站也应意识到产品品牌的重要性，实行品牌经营，树立品牌意识，将品牌建设列入工作范畴。网站品牌的建设更多的是要结合消费者的需求，不能拘泥于理论，才能设计出更为合理的网站结构。事实上，通过数据调查表明，从男女在网站购买品牌商品的类别来看，女性的选择会涉及很多类别，而男性多会对体育商品进行品牌消费。男性更倾向于关注实用型商品。针对此，网络营销可以针对男女不同的特点，引导用户消费，在网站中分别设置男士区和女士区，在不同区设置不同的品牌空间，就是一个很好的营销理念。

4. 实行差异化、个性化营销

网络消费品市场发展至今，多数产品无论在数量上还是质量上都极为丰富，网络用户能够以个人愿望为基础挑选和购买商品或服务。现代网站用户往往富于想象力，渴望变化，喜欢创新，有强烈的好奇心，对个性化消费提出了更高的要求。他们所选择的已不再单是商品的实用价值，更多的是要与众不同，充分体现个体的自身价值，这已经成为他们消费的首要标准。在用户对不同领域的创新倾向和行为有明显差异的情况下，网站想提高整体的水平就必须对客户实行差异化对待，为他们提供个性化服务。必须对不同的客户先进行分析，了解他们的需求，在这基础上电子商务企业可以为他们量身定做个性化的信息和产品及服务工作。如果客户需求量比较大、需求业务种类繁多的时候，电子商务企业必须能够提供给他们多样化的解决方案以满足他们的需求。

5. 提高网站服务质量

网站服务是指品质保证、对客户的回复、送货速度、售后维修等与产品相关的服务项目。其中，用户选择网络购物，很大程度上是因为其方便快捷，交易生成后送货的速度显得尤为重要，保证畅通的物流成为提高网站服务质量的一个重要指标。除物流外，售后服务、及时回复用户需求等也是网站必须高度关注的问题。

6. 加强网站数据分析功能

目前，多数网站早期都只是注重网站建设，并没有添加一些数据分析工具进行网站的数据分析。然而，随着网络这一无形事物不断增强的社会和市场影响力，网站的用户访问量逐渐攀升，访客来源也日渐多样化等，一系列网络数据都已经发生根本变化。对网站运营核心数据进行分析，已经成为网站经营过程中不可缺少的工作，它与网站的经营管理及业绩有着很大的关联性。网站利用数据分析工具，通过对网站用户、日常数据、销售数据等进行分析，进一步对网站用户进行描述定位、对用户需求进行预测，保证网站的运营工作正常发展。

（二）阻力策略

电子商务环境下的阻力策略主要是建立网站客户流失壁垒，以提高网站客户流失的成本。这里主要提出了两种措施。

1. 提高网站客户转移成本，减少机会成本

转移成本，对于网站客户及网站本身都是需要考虑到的一个问题。作为网站用户，如果轻易地重新转换目标网站、投入的时间和精力，对原有网站会员来说一系列优厚政策将会丧失殆尽。网站可以基于此，采取一些会员优惠、积分兑换礼品、售后服务延长等活动来保持客户对网站的忠诚度。转移成本通常

会随着时间而增加，而流失壁垒也将越来越高。

机会成本，是网站客户及网站本身需要考虑的另一个问题。机会成本可以理解为选择一种方式使用所牺牲掉的其他所有方式使用能够带来的益处。用户选择网上购物意味着他放弃了实体商店购物，而在实体商店购物中享有各种好处就构成了用户此次购物的机会成本，如可以直接接触到产品，清楚地知道产品的质量，实体商店提供的一系列优惠活动等。所以，减少用户购物的机会成本也是使流失壁垒增高必须考虑的因素。网站可以为用户提供丰富的网站链接、更多的关怀，让客户能够在购前、购中、购后都能感到满意。

2. 提高网站客户的心理流失成本

所谓心理成本是情感因素导致的成本感受，比如对未知产品的预期收益和损失，对风险的态度等。心理成本属于一个主观变量，一般难以衡量并且不可比较，所以不同用户针对同种交易可能表现出不同的流失成本反应。从网站与用户所建立起来的结构性关系看，长期用户更具有价值，这使用户向竞争者流失的心理成本提高，从而在某种程度上可以限制他们的流失。

第三节　跨境电商的品牌策略

一、跨境电子商务的品牌建设路径

跨境电商给了外贸企业一条成本相对较低、风险相对较小的通往品牌之路。

以Anker移动电源产品为例，普通的3000毫安时的移动成本是21元，销售价是19.99美元包邮，折合人民币121元，拥有1550个实实在在的用户评价，平均分4星半。归纳跨境电商的品牌有如下几个路径。

（1）注册目的国品牌。在国外注册品牌一般在八九百美元，是最小的投资了，姑且不论以后能不能成为名牌，好歹有牌才有成名牌的机会。

（2）努力让产品有自己的名字。当传统的订单式外贸生产线，还没有做好电商供应链的准备，不妨尝试分销，给跨境电商供货；利润高低姑且不论，最起码要能让自己生产的产品有自己的名字，而不是外贸客户的牌名。

（3）尝试建立真正的线上品牌。利用中国的制造能力，加上对目的国目标消费者的初步理解，持续改进，推出适应性的高性价比产品。此时，需要开始尝试一些SNS经营，将品牌影响力深植忠诚客户的心中；也可以尝试组建团队，进行跨境电商B2C站点的尝试，自己控制的渠道会让打造品牌之旅变得更加具有可能。

（4）尝试线下突破，建立品牌。当线上销售积累的品牌粉丝、经验和市场积累都形成了一定的“数字商誉”，同时锻炼了国内供应链的电商化能力，有实力的厂家，视情况再组建国外设计研发商务团队。例如，华为的日本研究所；部分外贸公司，收购国外二线品牌、渠道等。也许品牌化之路就不是梦想。

二、跨境电子商务的品牌定位

品牌就是消费者对产品和企业的感性和理性认知，但是不等于产品企业不需要制订品牌定位，而是要知行合一，也就是品牌要言行一致。只有这样，你才能让消费者以你期望的方式看待你，才能在市场上众多挑选中选择你。再小的企业，也有自己的品牌。这一点，国内和国外都是一样的。

改变消费者的认知是很难的。比如，淘宝现在是C2C最大的网购平台之一，如果要做一个比淘宝还要大的C2C，消费者的接受度会比较低，这个定位几乎不会成功。例如百度的有啊、腾讯的拍拍，即使百度有再多的流量导入，腾讯有再多的QQ会员导入，都改变不了消费者的认知。

一个跨境电商企业如何快速打造自主的品牌，品牌定位是很重要的。在确定电商的品牌定位之前，我们研究的目标市场需要回答以下问题。

（1）什么情况下能引起消费者对产品的需要及购买？

（2）产品的具体特征是什么以及处在哪个商品类目？

（3）在消费者的认知里，你所在的产品市场的领导者及竞争者所占的市场份额是多少？

（4）消费者喜欢和不喜欢的产品是什么？

（5）有没有市场缺口，你的品牌是否可以填补？

根据以上几个问题，下面给中小型跨境电商品牌提供几个有效的定位策略。

（一）成为品类第一

比如，lotsofbuttons.com的品牌定位策略是成为全球最大的在线纽扣商店。lotsofbuttons.com是中国香港的一家垂直时尚跨境电商企业，凭其超全的品类，数量之最，还提供各种类型、大小、形状和设计，采购成本低，总部地理位置优越，可满足世界各地客户的需求，使之在消费者认知里成为第一。

（二）找到对立面（是什么，不是什么）

对立面品牌定位，就是相对或相反。是什么，不是什么。比如，是年轻人用的手机，还是老年人用的手机；是男人袜，不是女人袜。

（三）成为专家型产品

专家型产品定位，就是在某一个产品上做得既专又深。比如，美国一家在线卖用餐工具的电商Don't Eat With Your Hands（www.eatingtools.com），销售的每一个用餐工具都是由有名的手工艺工匠制作的，有故事，品质精良。再比而苹果手机专注于手机领域，一代一代地推出，不断革命更新改进。

第四章　跨境电商物流发展与探索

第一节　跨境电商物流概述

近年来，随着全球跨境电商的发展，跨境物流行业的发展遇到前所未有的机会，但从中国的跨境电商行业发展来看，截至2018年上半年，我国跨境电商交易额达到4.5万亿元，预计未来增速将超过20%，成为交易额达万亿元的市场，跨境电商物流企业面临巨大的机会，同时，挑战与风险也并存。

跨境电商是互联网与进出口贸易的融合。广义的跨境电商是指分属不同关境的交易主体，利用电子商务平台进行商品展示、达成交易、进行跨境支付和跨境物流运输并完成交付的一类交易方式。狭义的跨境电商一般特指B2C零售业务。

跨境电商物流成本直接关系到跨境电商的销钱成本，跨境电商物流送达范围的广度决定跨境电商的销售地域，跨境电商物流的通畅度和时效性反映了跨境贸易的便利度和客户的体验感。跨境电商物流包含了境内配送、跨境运输、境内外仓储、境外本地配送、退换货、退运等多元化的服务，成为跨境电商链条上的交付环节，整合传统国际（地区间）物流的各种模式，为碎片化订单量身定制了基于传统物流又不同于传统物流的商品跨境传递的方式。

为适应碎片化订单的高速增长，中国海关进行了监管创新。海关针对跨境电商B2C业务推出的“三单对碰”模式，为海关通关监管提供了依据，提高了通关效率，成为各国（及地区）海关针对跨境电商B2C业务的监管模板。跨境电商物流随着各国（地区）监管制度的完善和创新，在通关日益便利化的同时正引领跨境电商更加本土化、规范化、合规化发展。国际物流业正迎来一个新的发展阶段——跨境电商物流时期。

一、跨境电商物流的定义

跨境电商物流是指位于不同国家或地区的交易主体通过电子商务平台达成交易并进行支付清算后，通过跨境电商物流送达商品进而完成交易的一种商务活动。

狭义的跨境电商物流指的是将在零售电商平台上成交的商品从卖家所在国（地区）送达不在其同一关境的消费者的方法和过程。广义的跨境电商物流包含了所有通过跨境电子商务平台成交的批发和零售的商品从卖家所在国（地区）送达其不在同一关境的买家的方法和过程。

二、跨境电商物流业的范畴

跨境电商物流涵盖了通关、仓储物流、快递业务、国际（地区间）货运业务、邮政业务等传统国际物流环节，并叠加OMS（订单管理系统）、TMS（运输管理系统）、WMS（仓库管理系统）等IT（互联网技术）系统，在提升各方关系的融洽性的同时，逐步实现业务网络化、运价产品化、服务标准化、仓储自动化、过程数字化、流程可视化、交付可追踪化的目标。物流供应链从服务传统贸易中的大型企业发展到服务中小跨境卖家，并且物流供应链的提供方也不再局限于物流企业。

三、跨境电商物流的主要模式

（一）海外仓

海外仓模式是指由跨境电商交易平台、物流服务商独立或共同为卖家在销售目标地提供的货品仓储、分拣、包装、派送、退货等一站式控制与管理的服务。卖家根据销量预测提前备货到销售地仓库，当订单产生时，当地仓库会第一时间做出快速响应，及时进行货物的分拣、包装及递送。

（二）跨境直邮

相对于海外仓的备货模式，跨境直邮模式是指订单产生后再在卖家所在国（地区）进行商品分拣、包装、跨境递送的物流方式。

海外仓备货方式下客户体验时效性较好，跨境直邮模式下则企业备货资金占用时间比较短，两者各有其比较优势与缺陷。针对跨境电商行业全球的合规化要求，中国跨境电商物流模式以中国直发和海外仓备货并存的模式为主，核心目标是实现全球库存灵活调配。

在中国海关总署的倡导和推进下，跨境电商物流企业推出全球中心仓运作模式。中国海关在特殊监管区域对跨境货物分类监管进行创新，充分发挥海关特殊监管区域全球中心仓的物流配送功能，利用特殊监管区域的优势，允许非保税货物在特殊监管区域的中心仓完成与保税货物的集拼、分拨，充分对接境外、境内两个市场。

四、跨境电商供应链与跨境电商物流

（一）跨境电商供应链

供应链（supplychain）的概念于20世纪80年代提出。1992年，约翰·K·尚克（John K·Shank）和维贾伊·戈文达拉扬（Vijay Govindarajan）提出价值链应该涵盖“从最初供应商提供所需的原材料到最终将产品送达用户的全过程”。《中华人民共和国国家标准：物流术语》（GB/T 18354—2006）中将供应链定义为生产及流通过程中为了将产品或服务交付给最终用户，由上游与下游企业共同建立的网链状组织。

供应链包括商流、信息流、物流和资金流等。从原材料到中间品、最终产品，再到分销渠道、零售终端，最后到消费者，整体的网络连接功能称为供应链。

商流是一种物资的交易过程，通过商流活动发生商品所有权的转移。商流是信息流、物流和资金流的起点。

信息流是供应商与企业之间的信息流动，包括供应链上的供需信息和管理信息，它伴随着物流的运作而不断产生，包括产品需求、订单的传递、交货状态及库存等信息。

物流是货物流通的全过程，也是供应链的核心环节。该流程的方向是从原材料供应商到制造商、渠道商与物流企业，最后到终端消费者。

资金流是指货币的流通。该流程的方向是从终端消费者到渠道商与物流企业、制造商，最后到原材料供应商。

跨境电商的供应链显著区别于境内电商。跨境电商要受进出口各国（地区）海关、检验检疫等部门的监管，从货源、仓储、物流、通关到消费者终端的供应链链条更长。境内的平台和商家很难将跨境供应链的链条全盘控制。供应链是所有跨境电商企业必须面对的难题，供应链管理系统在跨境电商交易中的重要性尤为凸显。

境内电商的供应链从商品生产到配送的全过程基本均在境内完成，并不涉及海关、外汇等相关问题。随着国民经济水平的提升，越来越多的人愿意通过互联网进行购物，这也促进了我国物流行业的迅速发展。我国的物流企业相较于境外的物流企业来说，起步晚且基础设施落后，运输库存成本较高，专业操作程度较低。

（二）跨境电商物流

跨境电商物流和境内电商物流相比存在以下不同。

1. 物流环境差异

跨境电商物流面向全球各国、各地区，境内电商物流则只在境内活动。从环境上看，跨境电商物流的环境更加复杂，具有国际性特点。从业务单据上看，跨境电商物流需要准备报关单、原产地单据、产品检验检疫等相关文件，而境内电商物流则只需要一张快递面单即可。从运输货物的类型上看，跨境电商物流运输对于货物的种类限制较多，如液体、粉末等商品在境内电商物流运输中比较常见，但如果这类商品想要运输到境外，则需要提供一系列的认证、审核文件。

2. 业务操作复杂

跨境电商物流需要使用英语或者其他语言制作单据、佐证资料等，因此在业务操作过程中的复杂程度远高于境内物流。境内电商物流的分拣相较于跨境电商物流简单一些，也不用考虑跨境电商物流因产品价值产生的关税问题。因为跨境电商物流需要服务于不同的国家（地区），因此根据不同国家（地区）的政策要求，跨境电商物流需要有相应的措施。比如出口到美国的商品需要在包装上外贴“MADE IN CHINA”的标签。

3. 主要运输方式差异

境内电商物流主要使用卡车来完成境内货物的运输，但跨境电商物流则需要使用海运、空运、铁路运输、公路运输等两种以上的运输方式。比如，一单货物从中国运送到美国，可以通过海运或空运送达美国境内，随后使用卡车派送至目的地。也正是因为跨境电商物流运输方式的复杂性、多变性，使跨境电商物流的丢包率非常高，经济损失大。

4. 信息查询沟通差异

境内消费者通过网络购买商品，通常使用电商自建物流或者与电商合作的第三方物流。因此当消费者购买商品后，可以在电商平台物流查询后台或者物流公司的官方平台查询物流状态，也可以打电话直接沟通物流情况。但这些方式应用到跨境电商物流则会存在许多障碍。跨境电商物流的信息通常需要等到货物发出两天后才能查询，且平台后台无法体现精确的物流信息，只能显示货物到达的某个港口。不同平台对物流商的要求也不同，因此，并不是所有的跨境电商物流产品在每个平台均适用。比如亚马逊平台对物流商的认证就有要求，并不是所有物流服务商均可以对接亚马逊的后台。

5. 区域分布的差异性

境内电商物流发展至今，已经形成较为全面的物流网络，除偏远地区需要花费较长时间外，经济发达地区的物流便利程度已较高，如江苏、浙江、上海等省市。而跨境电商物流涉及不同国家（地区），物流网络布局建设需要面临不同的政治环境和法律法规的约束，建设难度较大，发达国家（地区）和不发达国家（地区）间的物流差异大。

五、跨境电商物流规则及退货

跨境电商物流必须遵守相应的网上交易规则，即国际物流网规。下面从不同的跨境电商平台来具体了解物流规则。

（一）全球速卖通

1. 全球速卖通物流规则解析

全球速卖通卖家须按照如下物流政策选择物流方式。

（1）俄罗斯。订单实际支付金额大于5美元的订单：允许使用标准类、快速类物流服务，不可使用经济类物流服务（即无挂号平邮）及简易类物流服务发货。

订单实际支付金额大于2美元且小于5美元的订单：允许使用线上简易类物流服务、标准类和快速类物流服务，不可使用经济类物流服务（即无挂号平邮）及线下简易类物流服务发货。

订单实际支付金额小于2美元的订单：允许使用线上简易类物流服务、线上经济类物流服务、标准类和快速类物流服务，不可使用线下经济类物流服务（即无挂号平邮）及线下简易类物流服务发货。

（2）美国。订单实际支付金额大于5美元的订单：允许使用标准类物流服务中的“E邮宝”“AliExpress无忧物流–标准”（特殊类目商品除外）及快速类物流服务，其他标准类物流服务及经济类物流服务不可使用。

订单实际支付金额小于5美元的订单：允许使用标准类、快速类物流服务及线上经济类物流服务，线下经济类物流服务（即无挂号平邮）不可使用。

（3）西班牙。订单实际支付金额大于5美元的订单：允许使用标准类物流服务中的“AliExpress无忧物流–标准”（特殊类目商品除外）及快速类物流服务，其他标准类、简易类物流服务及经济类物流服务不可使用。

订单实际支付金额小于5美元的订单：允许使用线上经济物流服务的“中外运西邮经济小包”、线上简易类物流服务、标准类物流服务及快速类物流服务，线下简易类物流服务及线下经济类物流服务不可使用。

（4）法国、荷兰、智利。订单实际支付金额大于5美元的订单：允许使用标准类物流服务中的“AliExpress无忧物流-标准”（特殊类目商品除外）及快速类物流服务，其他标准类及经济类物流服务不可使用。

订单实际支付金额小于5美元的订单；允许使用线上经济物流服务、标准类及快速类物流服务，线下经济类物流服务不可使用。

（5）巴西、乌克兰、白俄罗斯所有订单不可使用经济类物流服务发货。

（6）除俄罗斯、美国、西班牙、法国、荷兰、智利、巴西、乌克兰、白俄罗斯之外的其他国家订单实际支付金额大于5美元的订单：允许使用标准类及快速类物流服务，经济类物流服务不可使用。

订单实际支付金额小于5美元的订单：允许使用标准类、快速类物流服务及线上经济类物流服务，线下经济类物流服务不可使用，见表4-1。

表4-1　全球速卖通卖家物流政策一览表

收货国家及地区	订单实际支付金额（美元）	物流服务等级							
		经济类		简易类		标准类		快速类	
		线下发货	线上发货	线下发货	线上发货	线下发货	线上发货	线下发货	线上发货
俄罗斯	>5	不可用	不可用	不可用	不可用	可用	可用	可用	可用
	2～5（不含2）	不可用	不可用	不可用	可用	可用	可用	可用	可用
	≤2	不可用	可用	不可用	可用	可用	可用	可用	可用
美国	>5	不可用	不可用	—	—	E邮宝、AliExpress无忧物流-标准可用，其他不可用（E邮宝不支持寄送的特殊类目除外）		可用	可用
	≤5	不可用	可用	—	—	可用	可用	可用	可用
西班牙	>5	不可用	不可用	不可用	不可用	AliExpress无忧物流-标准可用，其他不可用（无忧物流不支持寄送的特殊类目除外）		可用	可用

续表

收货国家及地区	订单实际支付金额（美元）	物流服务等级							
		经济类		简易类		标准类		快速类	
		线下发货	线上发货	线下发货	线上发货	线下发货	线上发货	线下发货	线上发货
西班牙	≤5	不可用	中外运西邮经济小包可用，其他不可用	不可用	可用	可用	可用	可用	可用
法国、荷兰、智利	>5	不可用	不可用	—	—	AliExpress无忧物流-标准可用，其他不可用（无忧物流不支持寄送的特殊类目除外）		可用	可用
	≤5	不可用	可用	—	—	可用	可用	可用	可用
巴西、乌克兰、白俄罗斯	所有订单	不可用	不可用	—	—	可用	可用	可用	可用
其他国家及地区	>5	不可用	不可用	—	—	可用	可用	可用	可用
	≤5	不可用	可用	—	—	可用	可用	可用	可用

注：（1）海外仓发货不在此政策范围内。

（2）卖家发货所选用的物流方式必须是买家所选择的物流方式，未经买家同意，不得无故更改物流方式。

（3）卖家填写发货通知时，所填写的运单号必须真实并可查询。

2. 退货纠纷处理

交易过程中买家提起退款申请，即进入纠纷阶段，须与卖家协商解决。

（1）买家提起退款申请。

① 买家提交退款申请的原因有：未收到货；收到的货物与约定的不符。

② 买家提交退款申请时间：卖家填写发货追踪号以后，根据不同的物流方

式买家可以在不同的期限内提起退款申请。商业快递（UPS、DHL、TNT）：发货后6～23天；EMS/顺丰：发货后6～27天；航空包裹发货：发货后6～39天。

③ 买家端操作：在订单的详情页中，买家可以看到按钮“Open Dispute”，单击该按钮就可以提交退款申请，当买家提交退款申请时纠纷即产生。提交后，买卖双方可以就退款申请进行协商解决，协商阶段平台不介入处理。

（2）买卖双方协商。买家提起退款申请后，需要卖家进行确认，卖家可以选择同意纠纷内容进入纠纷解决阶段，或者拒绝与买家进一步协商。

若卖家同意买家提起的退款申请，可单击“同意纠纷内容”进入纠纷解决阶段。买家提起的退款申请有以下三种类型。

① 买家未收到货，申请全额退款：卖家接受时会提示卖家再次确认退款方案，若同意退款申请，则退款协议达成，款项会按照买家申请的方案执行退款。

② 买家申请部分退款不退货：卖家接受时会提示卖家再次确认退款方案，若同意退款申请，则退款协议达成，款项会按照买家申请的方案执行部分退款及部分放款。

③ 买家要求退款退货：若卖家接受，则需要卖家确认收货地址，默认为卖家注册时候填写的地址；若不正确，则单击“修改收货地址”进行修改。

卖家确认了收货地址后，需要等待买家退货，买家需在10天内填写退货单号；若10天内未填写，视为买家放弃退货，系统直接放款给卖家。卖家确认收货地址后，到买家填写退货订单号的30天内，卖家均可以选择放弃退货，则系统直接退款给买家。

若买家已经退货，填写了退货单号，则需要等待卖家确认。

卖家需在30天内确认收到退货。若确认收到退货，并同意退款，则单击“确定”按钮，速卖通会退款给买家。

若卖家在接近30天的时间内，没有收到退货，或收到的退货货不对版，可以提交至平台进行纠纷裁决，平台会在2个工作日内介入处理，卖家可以在投诉举报平台查看状态及进行响应。平台裁决期间，卖家也可以单击“撤诉”按钮撤销纠纷裁决。

若30天内卖家未进行任何操作，即未确认收货，未提交纠纷裁决，系统会默认卖家已收到退货，自动退款给买家。

若卖家不接受买家的退款申请，可以单击“拒绝纠纷内容”按钮并填写卖家建议的解决方案（这里所填写的退款金额和拒绝理由均是卖家给出的解决意见，若买家接受，则退款协议达成，若不接受，还须继续协商）。

买家若未收到货提起退款申请，拒绝时的附件证明必须上传。卖家可以提供发货底单、物流公司的查单、物流官方网站的查询信息截图等证据，证明已发货及当前物流状态。

买家提起货不对版的退款申请，拒绝时的附件证明为选填，卖家可以提供产品发货前的图片、沟通记录、重量证明等证据，证明已如实发货。

拒绝退款申请后，需要等待买家确认。若买家接受卖家的方案，则退款协议达成，款项会按照双方协商的方案执行；若买家不接受卖家的解决方案，可以选择修改退款申请，再次与卖家确认，继续协商。

（3）买家取消退款申请。买卖双方协商阶段，买家可取消退款申请。若买家因为收到货物取消了退款申请并确认收货，则交易结束进入放款阶段；若买家因为其他原因取消退款申请（如货物在运输途中，愿意再等待一段时间），则继续交易流程。

注意：第一，买家第一次提起退款申请的第4天若还未达成一致意见，买家可以提交至平台进行纠纷裁决；同时若双方一直在协商中，买家未提起纠纷裁决，从买家第一次提起退款申请算起的第16天，系统会自动提交到平台进行裁决。建议卖家主动积极与买家协商，尽快解决纠纷。第二，买家提起退款申请后在提交至平台进行纠纷裁决前有取消退款申请的权利，若买家在纠纷中存在一定误解，建议卖家积极与买家沟通，双方达成一致，买家如取消退款申请，则交易继续。

（二）亚马逊

1. 亚马逊卖家退货处理

亚马逊越来越受到青睐，传统企业也好，电商运营企业也好，纷纷投入亚马逊，但各种各样的退货问题确认让很多卖家在处理的时候很困惑。

如果客户收到货物后不满意想退货，首先要与买家进行沟通，如是实物与描述不相符等原因，再想办法进行解决，如果客户坚持退货，产品退回的运费将由买家自己承担，当卖家收到买家的退货之后，再退款给买家。

如果是国内自发货，客户收到货后想要退货，货值不高时，可以干脆赠送给买家，跟买家协商让其留好评；货值高时，建议按照正常的程序，联系海外仓公司，让买家退货到当地地址，海外仓公司收到货物后，再办理退款。如果在当地有可靠的朋友，建议可以跟朋友协商，让买家把货物寄到朋友的地址，后期若有该产品的订单，再请其帮忙发走。

FBAe订单引起的退货问题，货会退回至亚马逊仓库，然后由亚马逊处理。如果退回来的货物没有破损可以联系亚马逊重新贴标签再次销售；如果已经损坏，亚马逊会提示卖家这个产品已经不可再销售，卖家可以让亚马逊销毁，还可以让第三方海外仓公司运回国内，或者让可以提供维修退货服务的第三方海外仓公司帮忙处理。

佣金方面，退货时，卖家要求退货，亚马逊会扣除20%的佣金，退回80%的佣金给卖家，无论是部分退款还是全部退款都会这么操作。

2. 亚马逊退货流程

（1）一般退货流程如下。

①买家提交“退货申请”。

② 卖家在卖家平台的“订单”—“管理退货”中查看退货申请及退货原因。

③ 卖家根据“亚马逊产品退货政策”，在卖家平台的“订单”—“管理退货”中处理退货申请。

④ 如关闭申请，亚马逊会向买家发送邮件通知，邮件内包含卖家关闭申请

的原因。

⑤ 如批准退货申请，系统会将卖家的退货地址通过邮件形式发送给买家，卖家等待买家退货。

⑥ 卖家收到退货，在“管理退货”或者“管理订单”页面操作订单退款。

（2）卖家如何处理退货申请。卖家可以在卖家平台，单击“订单”—“管理退货”查看并处理买家的退货申请。根据退货申请的状态，卖家可以进行以下三种操作。

① 批准退货申请。如果接受买家的退货申请，单击“批准退货申请”按钮。批准买家退货申请后，系统会将退货地址和退货说明通过邮件形式发送给买家。

请注意：这一步仅批准买家将退货商品发送给卖家，货款不会自动退给买家。另外，在“管理退货”页面上批准退货申请不会影响卖家绩效。

② 关闭申请。如果不接受买家的退货申请，建议卖家先与买家协商沟通达成一致意见后，再请单击“关闭申请”按钮。在卖家提交关闭申请后，亚马逊会向买家发送邮件通知，邮件内包含关闭申请的原因。

请注意：买家可以取消退货申请，而卖家只能关闭申请。如果买家一直不寄回退货商品或是不退货了，对于已批准的退货请求，卖家无须做任何操作。

③ 进行退款。如果卖家已经收到买家退货商品或允许买家保留商品，应单击“进行退款”按钮对商品进行退款。

（三）eBay

下面以eBay美国站2017年的退货政策为例介绍，核心为提供免费退货时不允许收取手续费。

1. 提供更方便的退货流程

eBay将退货政策信息显示在物品信息的“退货政策”字段中，买家可以更方便地看到，也能够让卖家更方便地处理退货事宜。应将退货政策信息添加在结构化数据（下拉菜单）区域。

2. 提供免费退货政策时将不允许再收取退货手续费

免费退货政策意味着买家可以免费退货，无须承担任何额外费用。如果卖家不提供免费退货政策，仍然可以选择向买家收取10%、15%或20%的退货手续费。但自2018年起，买家仅可看到“最高20%”的退货手续费信息。

3. 自动接受退货请求

为了让买家能够更方便地完成退货流程，自2017年10月起，退货请求将有条件地被自动接受。当买家承担退货运费时，eBay将自动接受退货请求，并向买家提供退货运单。如果卖家提供免费退货政策，或者由卖家承担退货运费，只有当卖家未能在三个营业日内回复买家提出的退货请求时，退货请求才会被自动接受。

自动接受退货请求将使买家能够快速、高效地将物品寄回给卖家，并且更快地收到退款。卖家也将可以节省时间，并更快地收到eBay退回的成交费。

如果卖家不要求买家将物品寄回，则可以手动控制退货流程。

4. 常见问题

（1）为什么卖家不能在物品说明中添加退货政策信息?

以结构化数据形式（下拉菜单）提供的退货政策信息可以让买家更方便地找到商品。这些信息经常与物品说明或政策详情字段（MyeBay—政策）中的信息重复或相互矛盾。因此，eBay规定卖家不能在物品说明中添加退货政策信息，以确保可以向买家提供更佳的购物体验。

（2）可以在哪里显示有关退货政策的其他详情?

大多数情况下，买家只需访问退货政策页面，从结构化数据（下拉菜单）区域选择“详情”即可充分了解退货政策。这些信息会突出显示在使用桌面或移动设备浏览页面的买家面前。卖家可以使用退货政策详情字段（MyeBay—政策）添加相关信息（如“快递取货”“适用退货门店”等），以便买家在购买前查看。

（3）卖家是否可以选择“不接受退货”？

可以。但如果不提供免费退货政策，商品无法享受eBay新营销工具提供的优惠。

（4）卖家是否必须提供30天或60天免费退货选项？

否。卖家有多种退货选项，但eBay建议提供30天或60天免费退货选项，因为这两种情况正在成为电子商务行业的标准。

（5）eBay将采取哪些措施防止买家滥用退货系统？

eBay将采取以下措施防止买家滥用免费退货政策。

① 及早发现可能滥用卖家退货政策的买家，阻止他们启动退货流程。

② 提供有关可接受退货方面的明确指南。

③ 明确界定后果，包括对不遵守eBay退货政策标准或滥用退货平台的买家采取限制措施。

（6）如果由卖家承担退货运费，卖家为什么不能再向买家收取退货手续费？

许多消费者希望除了退货运费外（买家以任何理由退货），卖家不要再向买家收取退货手续费。因此，eBay希望向买家提供符合行业标准的最佳购物体验。并且，部分买家认为eBay的退货政策很复杂，令他们感到困惑。通过简化退货政策，可以提升买家购物体验，增加买家的购物信心，从而促进卖家销售量增长。

（7）如果买家退回的物品受损或损坏，卖家应该怎么做？

如果卖家提供免费退货政策（卖家承担退货费用，并且不向买家收取退货手续费），若物品退回时受损或损坏，卖家可以仅退回部分货款。

（8）更新退货政策最简单的办法是什么？

如需更新退货政策，请转到MyeBay（MyeBay—账户—业务政策）。在创建或更新物品刊登时，单击“退货选项”即可。

（9）自动接受退货请求如何能够改进退货流程？

买家始终希望能够更快速地退货。为加快退货流程，当买家想退货并愿意承担退货运费时，eBay将省略退货流程中的一个步骤，自动接受退货请求。快速接受退货请求现在已成为电子商务行业的标准，新政策将使eBay成为更具竞争力的在线市场平台。

（10）如果卖家提供免费退货政策，eBay是否会自动接受退货请求？

如果商品支持免费退货政策，eBay将不会立即自动接受退货请求。卖家将有3个营业日的时间手动接受退货请求，并为买家选择退货运单选项。在这种情况下，卖家将负责承担该运单的成本。如果卖家未在3个营业日内同意买家的退货请求并为买家选择退货运单选项，eBay将自动同意退货请求，并在适用的情况下提供退货运单。

（11）退货请求在什么情况下符合eBay的自动接受条件？

要符合eBay的自动接受条件，退货请求必须满足以下标准之一。

① 买家不再想要这个商品（退货理由代码包括“不合适”“改变主意”“找到了更低的价格”“只是不喜欢它了”或者“订错物品”）。

② 退货请求符合商品的退货政策。

③ 国内退货请求，将在美国境内运送。

④ 由买家承担退货运费。

⑤ 是退货请求，而非换货或调货请求。

（12）eBay是否会代表卖家接受买家提出的“物品与描述不符”退货请求？

eBay不会代表卖家立即接受买家以下列任何理由提出的“物品与描述不符”退货请求。

① 不能正常工作或者有缺陷。

② 与描述或图片不符。

③ 物品发错。

④ 零件或配件缺失。

⑤ 送达时已损坏。

⑥ 看起来不是正品。

但如果卖家提供了免费退货政策，或者买家声称商品“与描述不符”，而卖家未在3个营业日内给予回复，买家的退货请求将自动被接受，并向买家提供退货运单（如适用）。卖家也可以在您的退货偏好设置页面上设置自动退货规则，自动接受买家提出的“物品与描述不符”的退货请求。

（13）如果退货运单不适用于某笔交易，应该怎么做？

在部分情况下，退货运单将不适用，买家和卖家将需要做出其他运送安排。举例来说，在退货请求被接受后，买家可能需要自己从邮局获取退货运单，将物品寄回给卖家。

（14）eBay是否会代表卖家自动接受不符合卖家退货政策（或不符合eBay退款保障政策）的退货请求？

如果买家的退货请求不符合卖家的退货政策或eBay退款保障政策，eBay不会自动接受此类退货请求。卖家需要自行审查和接受此类退货请求。

（15）能否选择不加入自动接受退货请求流程？

不能。如果卖家提供了退货政策，eBay则希望确保退货流程尽可能顺利、快速地完成。如果买家以“不想再要您的物品”为由请求退货，而该退货请求符合退货政策，买家的退货请求将被自动接受。

（16）退货运费将由谁承担？

关于退货运费由哪方承担的问题，取决于卖家的退货政策。举例来说，如果卖家注明了“买家支付”退货运费，在买家想退货的情况下，买家需要支付将物品退回产生的运费。如果卖家提供了免费退货政策（“卖家支付”退货运费），在买家使用退货运单的情况下，eBay将向卖家收取退货运费。

（17）如果买家将原物品退回，要求卖家“换货”或“调货”，卖家应该怎么做？

如果卖家在退货政策中向买家提供了要求“换货”或“调货”这一选项，而不是全额退款，买家在提出退货请求时可以注明他们的偏好。“换货”和“调货”的请求将不会被自动接受，卖家需要手动接受此类请求，并与买家协商详细的解决方案。

（18）卖家愿意提供全额退款，但不希望买家将物品退回给卖家（例如在退货运费可能高于物品实际价格的情况下）时，是否可以自动全额退款？

可以。卖家可以使用eBay的退货偏好设置页面和自动退货规则，自动向买家退款。

第二节 跨境电商物流行业的发展

跨境电商物流是随着跨境电商蓬勃发展而对传统国际（地区间）物流的一种整合升级与改造，发展迅猛，主要发展方向是业务网络化、运价产品化、服务标准化、仓储自动化、过程数字化、流程可视化及交付可追踪化。

一、跨境电商物流行业发展历程

2003～2008年，一些海外华人和有留学背景的华人从事跨境电商，主要跨境电商通过邮政寄递，一些大卖家也兼做物流，但传统国际物流商转型做跨境电商物流的比较少。

2009～2013年，一部分敏锐的国际货运代理开始融入跨境物流业，空运、铁运、专线、海外仓快速兴起，为跨境电商提供了更多可能。

2014年至今，物流时效进一步提升，平台、卖家、海外华人也纷纷加入，FBA（亚马逊物流）服务、保税仓、虚拟海外仓、退货维修等业务发展迅速。

二、跨境电商物流行业发展现状

互联网向各个领域的不断渗透、经济全球化的不断深入，使跨境电商为全球企业的发展提供了无限的可能。针对碎片化订单，物流产品已经日趋多样化，时效提升较快，直邮和海外仓服务不断改善，但价格和客户体验仍然都有改进空间。越来越多的传统物流商转型升级做跨境电商物流，在提升物流专业度的同时，仍然需要针对跨境电商特点量身定制跨境电商物流产品。各国（地区）海关监管趋严的当下，如何通过自身服务让跨境电商更合规，让交付更便利是目前跨境电商物流面临的重要课题。

三、跨境电商物流行业发展趋势

跨境电商行业的高速增长，将会大幅提升跨境物流的需求量，为跨境物流行业的发展带来强势的增长，同时对跨境物流提出更高的要求和挑战，比如更保险的清关、更高的时效等。邮政通道的优势在减弱，海外仓份额在增加，保税仓作用明显，新兴国家（地区）物流问题凸显，跨境电商物流行业面临重新洗牌的局面。跨境电商物流将呈现合规化、定制化的发展趋势，那些不符合跨境电商合规化要求的，满足不了跨境电商企业、卖家需求的物流企业将被淘汰，而能长久生存下来的，将是能紧随跨境电商企业、卖家的货量增长而成长的，能满足其个性化运营需求和合规化流程的物流企业。

未来，跨境电商物流行业和企业将向着业务网络化、运价产品化、服务标准化、仓储自动化、过程数字化、流程可视化及交付可追踪化的目标发展。

第三节　跨境电商出口物流方式

一、国际地区间邮政包裹

国际（地区间）邮政包裹方式主要包括中国邮政包裹服务、境内陆运/空运+万国邮联组合的商业小包、平台集货直邮产品。邮政网络基本覆盖全球，国际（地区间）邮政包裹的优势是价格便宜，劣势是时效较慢、服务较差、投诉率高，存在丢包风险，如通过邮政小包方式发送美国的一般需15～20天。根据邮权归属，国际（地区间）邮政包括境内邮政和境外邮政，境内邮政又分本地邮政和其他地方邮政；境外邮政如新加坡邮政、马来西亚邮政、泰国邮政等，整体服务质量较好，物流时效高，但退换货问题难以解决。

（一）中国邮政包裹服务

中国邮政包裹服务包括中国邮政航空小包和中国邮政航空大包。

1. 中国邮政航空小包

中国邮政航空小包又称中邮小包、邮政小包、航空小包，是指包裹重量在2千克以内，外包装长、宽、高之和不超过90厘米，且最长边不超过60厘米，通过邮政空邮服务寄往境外的小包裹。它包含挂号、平邮两种服务，可寄达全球各个邮政网点。挂号服务费率稍高，可提供网上跟踪查询服务。中国邮政航空小包出关不会产生关税或清关费用，但在目的地进口时有可能产生进口关税，具体根据每个国家（地区）海关税法的规定而各有不同（相对其他商业快递来说，航空小包能最大限度地避免关税）。

（1）资费与查询。

① 挂号资费。挂号资费的计算公式为：

总费用=标准资费×实际重量×折扣+挂号费（8元）

② 平邮资费。平邮资费的计算公式为：

总费用=标准资费×实际重量×折扣

（2）规格限制。重量不超过2千克。

非圆筒形货物：长+宽+高≤90厘米，14厘米≤单边长度≤60厘米，宽度≥9厘米。

圆筒形货物：17厘米≤直径的两倍+长≤104厘米，10厘米≤单边长度≤90厘米。

要写清楚收件人的地址和邮编。按照规定填写报关单及面单，申报物品要用中英文填写。

（3）时限标准。当日中午12点以前交寄邮局，一般晚上8点后可以在中国邮政官网查询包裹状态信息。其运输时效大致为：到亚洲邻国5~10天，到欧美主要国家7~15天，到其他国家（地区）7~30天。

（4）操作流程。

① 中国邮政航空小包只能贴中国邮政格式的报关单。

② 收件人姓名、地址须用英文填写完整。

③ 中国邮政小包报关单上内件物品、数量、重量及价值须由客户填写。

④ 中国邮政小包报关单上寄件人签名处，要请客户签署自己的中文姓名。

⑤ 包装要完好，不易破损，在包装袋外侧除地址标签外，尽量不要带其他无关标志。对于易碎品，最好外包装上贴有易碎品的标志，在邮包正面的中间位置贴上地址标签。

⑥ 交货到邮局，并按国家（地区）分拣。

⑦ 邮局排仓，安排上飞机等程序，发送到全球各个邮政配货中心。由各国（地区）邮政再次进行二、三级分拨，分别按城市、街道地址分拣，最终送达客户手上。

（5）查询赔偿。

① 平邮如丢失将不能获得赔偿。意大利、尼日利亚等国家邮包丢包率较高，请最好选用挂号或快递方式。

② 具体根据申报价值来赔偿，如中国香港小包最高不超过320港币（约294元人民币），并退还邮费，但挂号费不予退还。

③ 中邮小包可提供保险服务，具体保费可以咨询中国邮政或者保险公司。

（6）交寄方式。可以预约取件，也可以卖家自己送去邮局。

（7）适用范围。适合总重量在2千克以下，且对运费敏感，对时效要求不高，货值比较低的商品。

2．中国邮政航空大包

中国邮政航空大包又称中国邮政大包、中国邮政国际大包裹、中邮大包。中国邮政航空大包是适合邮寄重量较重（超过2千克）且体积较大的包裹，能发2～30千克的包裹（有些国家重量不超过20千克），可寄达全球200多个国家及地区。此渠道全程航空运输，只要有邮局的地方都可以到达。

（1）资费与查询。中邮大包直接采用中国邮政官网上的计费方式，可在中国邮政官网查询具体资费情况。

中邮大包的计费方式为：

总费用=首重1千克的价格+续重1千克的价格×续重的数量

包裹重量要求不能超过30千克（部分国家不能超过20千克）。

中邮大包需要收取8元/件的报关手续费。

（2）规格限制。重量限制为：0.1千克≤重量≤30千克（部分国家不超过20千克，每票快件不能超过1件）。

体积限制为：单边长度≤150厘米，长度+长度以外的最大横周≤300厘米；或单边长度≤105厘米，长度+长度以外的最大横周≤200厘米。横周=2×高+2×宽。

（3）时限标准。

亚洲邻近国家：4～10天妥投。

欧美主要国家：7～20天妥投。

其他国家：7～30天妥投。

（4）操作流程。

① 中邮大包只能贴中国邮政格式的报关单。

② 收件人姓名、地址须用英文填写完整。

③ 中邮大包报关单上内件物品、数量、重量及价值须由客户填写。

④ 中邮大包报关单上寄件人签名处，请客户签署自己的中文姓名。

⑤ 包装要完好，不易破损，在包装袋外侧除地址标签外，尽量不要带其他无关标志。对于易碎品，最好外包装上贴有易碎品的标志，在邮包正面的中间位置贴上地址标签。

⑥ 交货到邮局，并按国家（地区）分拣。

⑦ 邮局排仓，安排上飞机等程序，发送到全球各个邮政配货中心。由各国（地区）邮政再次进行二、三级分拨，分别按城市、街道地址分拣，最终送达客户手上。

（5）查询赔偿。包裹可在中国邮政官网查询相关信息，且可全程跟踪包裹流向；如在包裹发出后1个月仍未妥投，可要求邮局查询，邮局查询回复正常时间为2～6个月；如包裹丢失，可向中国邮政申请索赔，中国邮政赔偿按申报的价值赔付，但最高赔偿不超过300元。

（6）交寄方式。预约提货或卖家自送到邮局。

（7）优劣势。

① 优势。第一，成本低。价格比EMS稍低，且和EMS一样不计算体积重量，没有偏远附加费，没有燃油费，相对于其他运输方式（如EMS、DHL、UPS、FedEex、TNT等）来说，中国邮政航空大包服务有较好的价格优势。采用此种发货方式可最大限度地降低成本，提升价格竞争力。第二，交寄相对方便，只要有邮局的地方都可以到达。第三，方便、快捷，采用单一的运单，并由公司统一打印，减少了客户的麻烦。第四，提供包裹的追踪查询服务。包裹离开当天可在中国邮政官网上查询到相关信息，且可全程跟踪。

② 劣势。相对于以克计重的小包，大包是按千克计费。与其他的商业快递相比，有限重。

（8）适用范围。适用于重量为2～30千克的货物。

（二）境内陆运/空运+万国邮联组合的商业小包

1. 陆运＋中国香港邮政小包

中国香港邮政小包通关相对便利，毗邻深圳，可以走敏感货物（带电池产品），因为深圳的跨境物流商为带电池的产品提供深圳集货渠道，通过卡车运到香港，香港邮政的组合小包产品特别为带电池的品类量身定制了小包通道。

2. 空运＋新加坡邮政小包

新加坡邮政早期投资了4PX，使4PX可以比较早地利用股东的邮政资源研发出境内空运+新加坡邮政的小包产品，通过自主研发的IT系统将境内单号和新加坡邮政单号关联，使客户可以全程追踪货物。

（三）平台集货直邮产品

1. AliExpress无忧物流

为了确保卖家在速卖通上可以安心经营，帮助卖家减少物流不可抗力因素的影响，速卖通与菜鸟网络联合推出了一款官方物流产品“AliExpress无忧物流”。“AliExpress无忧物流”具备多种优势，主要体现在时效、运价、操作系统、售后等几个方面。

（1）渠道稳定时效快。菜鸟物流与优质的物流服务商合作，搭建了覆盖全球的物流服务网络。同时，菜鸟物流拥有智能分拣系统，可以根据目的国（地区）、品类、重量匹配物流方式，时效性较快。

（2）运费有优惠。菜鸟物流作为货物物流集散商，在其与物流公司合作的过程中获得了较多的优惠价格，重点国家（地区）运费为市场价的8～9折。

（3）平台提供较好的售后服务及赔付措施。使用“无忧物流”的物流纠纷无须卖家响应，直接由平台介入核实物流状态并判责；物流原因导致的纠纷、卖家服务评级系统（detailsellerrating，DSR）低分不计入卖家账号考核；物流原因导致的纠纷退款由平台承担；卖家对“无忧物流”服务不满意可以在线上进行投诉。

（4）无忧物流的物流方案。物流方案包括三类：无忧物流简易、无忧物流标准和无忧物流一优先，具体情况如下。

① 无忧物流简易。这是专门针对速卖通卖家订单中，俄罗斯和乌克兰小于2000克、西班牙小于500克、白俄罗斯小于2000克、智利小于2000克，订单成交金额≤5美元（西班牙≤10美元）的小包货物推出的简易挂号类物流服务。

② 无忧物流一标准。这是菜鸟网络推出的优质物流服务，为速卖通卖家提供境内揽收、国际（地区间）配送、物流详情追踪、物流纠纷处理，售后赔付一站式的物流解决方案。物流覆盖全球200多个国家及地区。

③ 无忧物流一优先。这是菜鸟网络与商业快递合作的服务速卖通卖家的线上物流方式。目前可以到达全球176个国家和地区。在重量限制方面，俄罗斯的首重为100克，续重为100克，重量限制为30千克，以实际重量计费，不收取燃油费。俄罗斯以外的其他国家及地区，30千克及以下，按首重500克，续重500克计费；当货物重量为30～70千克时，则按千克计费。以体积重量和实际重量的较大者为计费重量，体积重量计算方式为：

体积重量=长（厘米）×宽（厘米）×高（厘米）/5000

2. WishExpress

WishExpress是Wish为了更好地满足平台用户对配送时效的要求而发起的极速达项目，需要商家提前将产品运到目的地的海外仓，当商家收到订单时，产品从海外仓直接配送至目的地的用户手中，从而实现快速配送。WishExpress项目俗称“海外仓产品项目”，对于WishExpress项目中的产品，商户要承诺在规定时效内交付给用户。

对于参加WishExpress的商户，Wish平台会给予如下差异化政策支持。

（1）参加WishExpress的产品将获得3倍以上的流量扶持。

（2）WishExpress的产品在用户端呈现专属“车辆”徽章标志，此标志告知用户将快速收到产品，会极大地提升转化率。

（3）加入WishExpress项目的商户将获得Wish退货项目的资格，WishExpress的产品可以退至设定的海外仓，从而降低退款率。

（4）加入WishExpress，产品将会快速到达客户手中，从而提升产品的整体评分，并很快获得评价，缩短产品成长周期和回款周期。

（5）平台会针对WishExpress项目提供更多的产品支持，如营销、客服权限等。平台会对未满足WishExpress时效政策要求的商户执行相应的处罚措施。

WishExpress确认妥投时间的要求为：自订单释放起5个工作日之内需确认妥投，以下国家（地区）的妥投时间要求见表4-2。

表4-2　Wish Express妥投时间要求

订单目的地国家及地区	妥投时间要求（工作日）
法国（FR）	6天
瑞典（SE）	8天
澳大利亚（AU）	7天
意大利（IT）	6天
瑞士（CH）	6天
西班牙（ES）	8天

续表

订单目的地国家及地区	妥投时间要求（工作日）
丹麦（DK）	6天
芬兰（FI）	7天
挪威（NO）	8天
波多黎各（PR）	7天

在订单可履行后下一个工作日结束前（以世界标准时间23：59：59为准），经由特定的物流服务商履行并确认的订单将可免除罚款。特定的免责物流服务商见表4-3。

表4-3　特定的免责物流服务商

目的地国家及地区	物流服务商	物流产品
美国	美国邮政署（USPS）	头等邮递
		优先邮递
欧盟国家	德搜达快运有限公司（DPD）	所有物流产品
	敦豪航空货运有限公司（德国）（DHLGermany）	所有物流产品
	法国邮政（Colissimo）	所有物流产品
	德国赫马集团（Hermes）	所有物流产品
英国	英国Yodel专线（Yodel）	所有物流产品
	英国皇家邮政通用物流系统（GLS）	商务包裹
		商务小包

二、国际商业快递

国际商业快递是指在两个或两个以上国家（或地区）之间所进行的快递、物流业务。

（一）特点

国际商业快递运输是国家与国家、国家与地区之间的运输，与国内货物运输相比，它具有以下几个主要特点。

（1）国际商业快递运输涉及国际关系问题，是一项政策性很强的涉外活动。

（2）国际商业快递运输是中间环节很多的长途运输。

（3）国际商业快递运输涉及面广，情况复杂多变。

（4）国际商业快递运输的时间性强。

（5）国际商业快递运输的风险较大。

（6）国际商业快递运输相比于商业快递速度偏慢。

（二）禁寄物品

（1）爆炸性、易燃性、腐蚀性、毒性、强酸碱性和放射性的各种危险物品，如雷管、火药、爆竹、汽油、酒精、煤油、桐油、生漆、火柴、农药等。

（2）麻醉药品和精神药品，如鸦片、吗啡、可卡因（高根）等。

（3）国家法令禁止流通或寄递的物品，如军火、武器、本国或外国货币等。

（4）容易腐烂的物品，如鲜鱼、鲜肉等。

（5）妨碍公共卫生的物品，如尸骨（包括已焚化的骨灰）、未经硝制的兽皮、未经药制的兽骨等。

（6）反动报刊书籍、宣传品和淫秽或有伤风化的物品。

（7）各种活的动物（但蜜蜂、水蛭、蚕、医药卫生科学研究机构封装严密并出具证明交寄的寄生虫以及供作药物或作以杀灭害虫的虫类，不在此限）。

三、专线运输

专线运输就是直达运输，是指某个城市到另一城市的直达运输。与专线运输相对应的是中转运输。所有的运输企业必然会有专线运输。

（一）跨境物流专线

跨境专线运输区别于国内的物流专线，一般是通过航空包舱方式将货物运输到国外，再通过合作公司进行目的地国国内的派送，是比较受欢迎的一种物流方式。目前，业内使用最普遍的物流专线包括美国专线、欧洲专线、澳洲专线、俄罗斯专线等，也有不少物流公司推出了中东专线、南美专线。

（二）中俄专线

中俄专线（Ruston）专线是黑龙江俄速通公司与阿里巴巴速卖通的合作项目，专为速卖通平台上的电商设立，是速卖通平台的“合作物流”。针对跨境电商客户物流需求的小包航空专线服务，渠道实效快速稳定、全程物流跟踪服务。

Ruston专线使用：

第一步，运费模板设置。在中俄专线下面找到“RussianAirRuston”（中俄航空-Ruston专线）。

第二步，创建物流订单。选择线上发货选择Ruston专线——创建物流订单（选择上门揽收）。

第三步，打印标签并打包。单条打印物流标签；批量打印物流标签；物流标签。

第四步，中通上门揽收，中通收到上门揽收订单后24小时内联系发件人，并约定具体上门揽收时间；当天下发的上门揽收订单，将在次日内完成揽收。

第五步，登录Ruston专线查询网http：//www.ruston.cc/customer/xiaojianchaxun.php查询包裹跟踪信息。

四、海外仓储

在其他国家建立的海外仓库，一般用于跨境电子商务。货物从本国出口通过海运、货运、空运的形式储存到该国的仓库，买家通过网上下单购买所需物品，卖家只需在网上操作，对海外的仓库下达指令完成订单履行。货物从买家所在国发出，大幅缩短了从本国发货物流所需要的时间。

简单来说，针对广大跨境电子商务卖家的需求，为卖家提供的仓储、分拣、包装、派送等项目的一站式服务。卖家将货物存储到国外仓库，当买家有需求时，卖家可以第一时间做出快速响应，及时通知国外仓库进行货物的分拣、包装，并且从该国仓库运送到其他地区或者国家，提升了物流响应效率。

同时，结合国外仓库当地的物流特点，可以确保货物安全、准确、及时、低成本地到达终端买家手中。

第四节　跨境电商进口物流方式

一、我国进口跨境电子商务的运输方式和途径

大宗的B2B商品的国际运输，还是依托传统的海运运输为主。B2C和C2C模式下的轻散货和对实效要求较高的商品，则以空运为主。另外，由于中欧班列以及其他跨境铁路运行顺利，越来越多的跨境电子商务产品将通过铁路运输。例如，2018年1月19日，首批通过中欧班列（蓉欧快铁）运输的进口红酒从成都国际铁路港清关出区，该批保税备货商品由进口红酒贸易商从德国采购，从蒂尔堡抵达成都国际铁路港，全程运输16天，比海运节约20～25天，通过国内保税仓发货，仅2～3天即可将跨境商品配送至消费者手中。

目前，进口跨境电子商务B2C和C2C模式下，向C（消费者）端邮寄的主要物流途径是通过国际邮政系统和国际快递物流。该模式适用于食品、纺织品、日用品等体积小、重量轻、运费低、时效性要求不高的商品。我国消费者一般多选择国际快递物流。国际快递是海外直邮，电子商务平台的发货时间较保税区发货要慢，部分电子商务平台的发货时间是预计下单后10天左右，但这种物流模式很大程度上丰富了电子商务平台的商品种类。

二、我国进口跨境电子商务物流模式

由于涉及多国、多段、多种交易模式、多种运输方式、多种物流途径，进口跨境电子商务的物流比较复杂，主要可以分为单一的跨境物流模式和海外中转的跨境物流模式两种。在我国的实践中，又经常有“保税区发货”和“海外仓直邮”等说法，在此一并介绍。

（一）单一的跨境物流模式

这种物流模式是在我国跨境电子商务企业与海外供应商合作的基础上实现的，海外供应商直接将商品送达处于所在国的物流配送中心（此物流配送中心可以是我国跨境电子商务企业自建、租用或者由国外代管的），由物流配送中心进行商品的备货和仓储管理，当我国消费者在网络平台上提交订单并付款后，由此物流中心完成单笔订单货物的包装和邮寄，订单常采用单件包裹的形式，由国际快递公司承担并完成最终的物流服务。

（二）海外中转的跨境物流模式

1. “两段中转”的跨境模式

海外供应商将国内电子商务企业需要采购的货物直接送达该国的物流中心，由该国的物流公司负责商品的实际备货和储存管理，消费者在网络购物平台上下单后，由该国的物流公司完成单笔订单的包装和邮寄等一系列活动。该国物流公司对不同收件地址的货物进行归纳整理，最后交由国际物流公司以整批出货的方式邮寄至海外转运国（地区），再由海外转运国（地区）的物流中心将整批货物分成单件的形式，交由国际物流配送至不同国家（地区）的收件地。

2. “两段收件”的跨境物流模式

这种物流模式与两段中转的物流模式前半部分基本相同，都是由海外的供应商将国内电子商务企业采购的商品直接送至本国的物流中心，由其负责商品的实际备货和储备管理。接到订单时，首先由本地物流中心对订单进行包装、出货等一系列动作，然后根据订单的收件地址，对其进行归纳整合，之后交由国际物流企业以整批运输的方式直接送达货品的收件国（地区）。货品运输至收件国（地区）后，通过与当地物流企业的合作，最终将商品送至消费者手中。

（三）保税仓（区）发货的跨境物流模式

保税仓（区）发货模式是两段物流，一段是国际段，另一段是国内段。在海外商品完成国际段运输后，要在国内保税仓拆包、检验、清关、分拣、打包、储存，买家下订单后，再由国内的快递公司寄给消费者。

保税仓发货有以下好处，首先，这种大批量集中运输的方式有利于减少运输成本，相比其他海外跨境的物流模式而言，它在物流配送成本上具有一定的优势。其次，海外供应商提前将热门商品备货至保税仓，保税仓系统与海关和商检等部门实现对接，因此订单产生后能够及时清关，买家收货速度快，消费者一般在下单2～3天后就可以收到货品，其物流体验基本等同于国内购物。

保税仓（区）发货的物流模式一般适用于订单量较多的大型跨境电子商务企业，这些企业借用大数据对热门商品的种类和数量进行预测，将海外热门商品提前运输到国内作为储备，一旦有订单形成，就可以迅速报关检验发货。

（四）海外仓直邮的跨境物流模式

在实践中，“海外仓直邮”就是典型的单一的跨境物流模式。海外仓直邮是指货物集中存放在海外卖家的仓库，当买家下单后通过物流直接清关寄送到国内买家手里，或者先寄送到国内保税区清关后再进行国内配送。这种模式的主要特点是货物在海外仓库寄出后，中途基本不需要再次分包、转运或长时间储存。

海外仓直邮模式和保税仓发货模式从下单顺序和清关方式上的区别较为明显。在流程上，保税模式先入境，用户下单后才清关。直邮模式用户下单后才开始递送，在入境时才需清关。

三、跨境电商保税仓物流服务发展现状及存在的问题

（一）跨境电商保税仓物流服务发展现状

近年来，跨境电商高速发展。到目前为止全国跨境电子商务平台已经达5000多家，企业达20多万家，有6个跨境电商试点城市开展了保税备货进口模式，效果显著。保税物流逐渐成为国际物流的重要接力区，也成为促进进出口贸易增长的重要因素和满足顾客需求的关键环节。而保税仓作为保税物流的重要枢纽和业务载体，其物流服务无论是在发展环境方面、业务方面还是特性方面都与普通物流服务有所不同。

1. **业务现状**

跨境电商保税仓物流服务的业务包括：关务服务、仓储服务、金融服务和其他增值服务。具体发展现状如下。

（1）关务服务。根据国家海关总署规定，任何出入保税区的进口货物、区内流转及跨区域流转的货物都要按照程序办理相应的关务业务。保税仓作为跨境电商零售进口链条上的枢纽，有义务也有责任为商家提供这种服务。具体办理项目有：商品备案，进口货物清关，跨境仓流转，库内流转，跨关区流转，删改单，进仓异常处理，不合格产品销毁、退货，区内跨境仓退仓，一般进出口贸易退仓，境外退仓，货物检测，货物报关转关等。

跨境电子商务进出境货物、物品的通关流程具体分为两步：一是申报前发送信息；二是办理通关手续。

（2）仓储服务。仓储属性是保税仓最基本的属性，在整个跨境电商供应链中，保税仓起到配送中心的作用，商家从海外进货，在保税仓内备货，保税仓根据消费者订单发货。和一般配送中心一样，保税仓要确保货物的完整性、时效性和信息准确性。保税仓储一般在进出境口岸附近进行。货物从进入保税仓再到出仓，一共需要经过三大步骤和七大环节。

① 三大步骤。一是，向海关申报报关单和检验检疫申报报检单；二是，商品进入库区的理货区，清点商品，办理核注信息；三是，仓库的作业人员将商品运输到存储区域的仓位上，并将数据维护进公司的仓库管理系统。

② 七大环节。一是，入库后要对商品进行清点识别，即将不同商品进行分类，打开外包装，核实实物的条码是否准确，包装是否有脏污、破损或变形的情形；二是，将商品摆放到不同的仓位上进行储存。一般按照不同的货号或条码进行摆放，以便能快捷地识别；三是，当有订单进来后，需要到指定的仓位上分拣出所需要的商品，运送至包装区域；四是，拿出相应规格的包装材料，将对应的商品按照订单放入包装箱中，再用胶带进行封箱；五是，将打印的快递面单粘贴到对应的纸箱上；六是，对包裹进行放行，碰到被布控查验的包裹，则拿到监管部门的查验办公区进行查验；七是，放行完毕后，交接包裹，

进行配送。

（3）金融服务。保税仓提供跨境业务的保税和仓储业务，还为商家提供金融服务，其中物流企业、银行、经销商、生产厂家为整个金融链条的四大主体。首先，四方主体签署保税仓业务的合作协议，制造商将货物运送至保税仓并作为质押货物，由保税仓对该质押货物进行储存与监督；其次，经销商还需另向银行提供取货保证金，由银行对保税仓下达放货指令，分批次发货；最后，经销商通过销货获得了一定的资金再向银行缴纳保证金，再由银行开具提货通知单，制造商根据提货通知单向保税仓发货，经销商再从保税仓库提货，如此循环下去。如果保证金不足，保税仓会立即停止发货。另外，保税仓也可以依靠其雄厚的资金实力条件，为稳定合作伙伴提供中短期融资，帮助资金周转困难的客户解决融资难题，垫付资金，短期融资，加速资金周转回笼，提升企业竞争实力。

（4）其他增值服务。不改变货物物理性质的流通性简单加工和临港增值服务。保税仓库内对货物进行分拣包装、组合包装、打膜、加刷码、刷贴标志、改换包装、拼装、拆拼箱等具有商业增值的辅助性作业。例如，印刷图书出口到保税区进行包装，分拣再集中出口到国外；国外过境货物进入保税区、包装材料从国内采购出口到保税区进行包装分拣再出口到国外，这样可以大幅节省货物的仓库成本和人工成本。

2．发展特点

（1）复杂性。跨境电子商务的开展具有跨区域、跨语言、跨文化等特征，所以在货物的支付、发放过程中难免会存在诸多的跨境问题。国际贸易与国内贸易相比，它的复杂性就体现在它面对的是来自世界各地的客户，有着不同的语言、风俗、文化、思维方式。跨境电商保税仓所接触的主体有生产商家、销售商、银行、海关、国检及消费者。另外，跨境电商虽然发展很快但是起步较晚，其发展深受国家相关政策法规的影响，行业环境较为复杂。

（2）单一性。保税仓的模式采取集中采购和集中储存的方式，不可避免地造成了产品品类单一的局面，只能选择将爆品储存进保税仓，而且储存爆品需要进行市场调查，稍有不慎便会造成库存积压，这样反而会加大成本，资金需先流通海外再回流到境内电商财务。

（3）经济性。国家对于保税区的商品有征收低关税等优惠政策，同时保税进口采用的是大规模进口模式，这种采购方式降低了商品的采购成本和运输成本，所以产品的销售价格也会比海外直邮产品低，保税备货模式为进口产品带来更高的利润和更具竞争力的价格。保税仓能为跨境电商销售商节省不少的成本。

（4）时效性。由于商品储存在我国境内关外的保税仓中，所以当消费者在平台下单后，货物通过清关手续后就能直接从保税仓发出，省去了国际运输的时间，商品能在较短的时间内就送到消费者的手中，从而使其获得较好的消费体验。销售商选择保税备货进口这一模式，除了可以通过规模效应降低物流成本，还可以减少清关时间，提高发货效率。而大部分消费者选择国内跨境电商平台（以保税仓发货为主）购买海外产品，也是因保税仓发货较其他物流模式速度更快。他们想要节省购物的时间，得到电商快速即时的反应和及时的送货上门，这一切都离不开可靠的物流和送货服务的支持。

（5）安全性。保税备货模式进口商品作为跨境电子商务形式进口的商品，除接受海关监管外，也要接受检验检疫部门的监管。就目前看，跨境零售进口主要以母婴、日化等高价值产品为主。安全性是保税仓仓储服务的重点。安全性主要体现在四个方面：一是，货物的完整程度；二是，货物的有效期；三是，货物数量是否有差异（丢货、换货行为）；四是，出库前货物包装是否符合规范。

（6）即时性。跨境电商保税仓业务是随着跨境电商的快速发展应运而生的。因此，保税仓物流服务深受跨境电商平台业务的影响。而跨境电商平台主要依靠时间或者数字营销方式来促进销售量的提高，例如各大购物节。以宁波某企业JL仓为例，按照活动节天数和规模，购物节可以分为三个梯度，见表4–4。由上可知，跨境电商保税仓物流服务具有提供即时消费的特性。

表4-4　某企业JL仓活动节时间分布及规模状况

JL仓	活动名称	日期	规模（日单量）	时间（日）
第一梯度	天猫“双十一购物狂欢节”	11月11日	250000～300000	15
	京东“618全球年中购物节”	6月18日	80000～10000	10
第二梯度	“双十二”购物节	12月12日	30000～50000	7
	年货节	1月4日	40000～60000	8
	“38大促”	3月8日	30000～50000	7
第三梯度	苏宁易购购物节	4月18日	5000～10000	3
	“黑色星期五”	12月25日前的周五	5000～10000	3

（二）跨境电商保税仓物流服务存在的问题

1. 宏观层面存在的问题

（1）跨境电商保税仓物流服务的责任主体需要进一步明确。跨境电商保税仓物流服务的责任主体包括境内代理商、境外供应商、商家、物流等，虽然新的《中华人民共和国食品安全法》明确了网络食品交易的第三方平台权责，但跨境电商平台主体责任尚不明确，除了洋码头、天猫国际等传统模式外，还有顺丰、京东等平台，覆盖了资金流、商流等全方位的服务，还承担着货源采购与物流仓储等角色。这些平台负责报检、报关等业务，当收货人与供应商等主体并非为同一人，且货物所有权在一定程度上仍然归属于境外供应商时，这种新型的关系，为保税备货模式中的执法监管带来了较大的困扰。

（2）跨境电商保税仓物流信息管理系统有待进一步优化。保税备货模式下，跨境电商保税仓物流中心的信息系统主要链接三个系统，即仓库管理系统WMS、海关信息系统以及国检监管系统，发生任何库存变动，上述关务商检三个系统均需要进行数据交互。由于保税仓商品的SKU众多、动销率高、库内商品的批次管理难度高，仓库管理系统中的库位信息经常和海关信息系统以及国检监管系统中的库位信息不符，在海关或国检查验的过程中会出现商品报关或报检号与该商品其他属性信息不一致的情况。这样会直接导致海关或国检对客户订单进行卡单（商家订单已推送至仓库WMS系统，但订单无法分配、打单），对商家销量、仓库信誉和客户体验带来负面影响。

2. 微观层面存在的问题

（1）组织管理制度不健全。首先，保税仓运行的组织形式是按照库内作业流程来构建固定的组织结构，这种组织形式的优点是每个组织的员工各司其职，有利于发挥员工的专业性。缺点是组织结构过于细化，使部门之间容易出现责任难以界定，相互推诿的状况。其次，很多保税仓物流企业不仅缺乏科学的领导方式，标准工作制度、质量管理措施的制定和实施也是遥遥无期，直接影响员工的意识，从而对物流效率和服务水平产生影响。

（2）设施设备落后。现有一些保税区及保税仓库存在结构缺陷，仓库结构设计难以适应现代物流发展的要求，仓储设施老化。在区域布局上缺乏统一规划，扩展空间不足，生产作业相互干扰。普通仓储设施居多，特种仓库不足。

设施设备的完好直接影响顾客的需求质量。在保税仓的整个物流过程中，商品的入库、上架、下架、存储、盘点、拣货、包装发运等作业环节，涉及液压车、高位叉车、高位货架、RF手持、拣货车、栏板车、气泡机、工作台、流水线等设备，这些设施设备是合理组织批量生产和机械化流水作业的基础。就目前看，保税仓物流设备的适应能力、配套能力适中，技术水平、先进程度较低。这对高效、高质、高量地完成顾客的需求质量，保证物流服务的准确性和完好性产生了不利的影响。

（3）信息技术应用性差。近年来，跨境电商保税仓越来越趋向于云仓储，信息技术的开发和应用受到各个跨境电商平台和保税仓物流企业的重视。但是目前国内跨境电商保税仓信息技术的实际应用状况并不是很乐观，这是因为跨境电商保税仓的主营业务量来自“双十一”“618”等大促活动，6000平方米的保税仓要想在一周之内发货25万件，对现场环境的复杂性和作业灵活性的要求非常高，现有的信息技术并不能完全满足这些要求。跨境电商保税仓的员工综合素质普遍不高，很多员工宁愿使用更加顺手的传统方法，也不会采用新技术。

（4）物流流程设计不科学。服务质量是客户关系管理的重要内容，依赖于服务提供前、提供过程中和提供结束后流程的设计和管理。保税仓物流服务流程设计的目的就是建立起良好的客户关系，达到留住老客户、发展新客户的目标。由于我国跨境电商发展尚未成熟，保税仓的流程更多的是依据普通电商仓库的流程来设计的，但是跨境电商保税仓又同时涉及海关、国检、跨境电商平台、贸易公司、消费者等多个主体，并且跨境电商保税仓具有顾客多样化、顾客产品多样化、出货少批量、多批次等特点，现有跨境电商保税仓物流企业的流程设计尚不科学。应该在物流流程设计上更注重流程的柔性化设计，为顾客提供个性化的物流业务实施方案，能够具有根据顾客的个性化要求提供增值服务的能力；要不断优化和调整物流流程设计，提高物流效率和服务水平。

四、跨境电商保税仓物流服务质量评价指标体系的构建

跨境电商保税仓物流服务质量评价指标体系，是由诸多影响保税仓物流服务质量的指标构成的有机整体，既反映了指标之间的关联性，又反映了其系统性。跨境电商保税仓物流服务质量评价指标体系的构建是对保税仓服务效果进行综合评价的基础和前提，对保税仓物流服务效果进行评价，能够找出保税仓在发展中的薄弱环节，明确保税仓物流服务的改进方向。

（一）跨境电商保税仓物流服务质量评价指标体系设计

1. 指标体系设计原则

跨境电商保税仓不仅为跨境电商平台企业、消费者提供物流服务，其运行还涉及海关、国检等政府性质的市场主体。对跨境电商保税仓物流服务的评价涉及众多属性，这些属性的评价标准各不相同，有性质表述也有数据支撑，所以其评价指标也是多种多样的。这些评价指标的设定必须全面、客观、有效地反映跨境电商保税仓物流服务质量的真实水平。

为了保证指标的科学性和有效性，一般要遵循以下原则来设计评价指标。

（1）科学性原则。为构建一套科学合理的跨境电商保税仓物流服务质量评价指标体系，在评价维度的确定和指标的选择过程中，必须以理论指导为依

据，以实践事实为基础，将理论与实际相结合，运用科学的方法，识别出保税仓物流服务过程中的关键指标。科学性原则要求在构建指标体系的过程中必须对保税仓物流服务质量的影响因素进行深入分析，并充分参考现有相关理论基础与研究成果，以确保指标体系构建得科学合理。

（2）全面性原则。全面性原则要求所选择的指标能够涵盖影响跨境电商保税仓物流服务质量的各个重要因素，影响跨境电商保税仓物流服务质量的因素有很多，为了对跨境电商保税仓物流服务质量的评价更加科学和客观，必须综合考虑不同的影响因素。但是这些影响因素有很多，有主要影响因素也有次要影响因素，在设定评价指标的时候要分清主次，突出重点，全面考虑影响跨境电子商务保税仓物流服务质量的主要因素。

（3）系统性原则。由于跨境电商保税仓里的环境相对于普通的电商仓库环境较为复杂，很多指标之间存在相互联系、相互制约的关系。有些指标之间存在横向联系，有些则存在纵向联系，甚至不同层次的指标存在“你中有我，我中有你”的关系。指标体系的建立应在将指标分类后再进行分层级构建，以保证其逻辑关系明确，层级结构分明，保证指标体系的系统性；同时，指标设计过程中要尽量做到少而全面，设计出的指标应该尽量与企业的有关统计资料、报表相互兼容。

（4）针对性原则。评价指标体系的建立要考虑保税仓运作与管理的特殊性，在设定评价指标时有所区分，对每类服务评价要有针对性，必须能够体现各自的特点。在指标体系建立过程中，应根据指标对保税仓物流服务质量的重要程度，有针对性地拟定指标，再进行综合评价。对跨境电商保税仓物流服务质量的评价是为了对其服务质量水平进行评判，发现影响服务质量水平的关键因素有哪些，并且有针对性地提出建议性对策。因此，要有针对性地设定这些目标，如通关效率、发货准确率等。

（5）可操作原则。影响指标的因素有显性因素和隐性因素，而在实际研究过程中有些指标的资料和数据可以准确并简易地搜集到，而有些指标的资料和数据则搜集起来较为困难并且准确度也有所折扣。因此，在评价指标的选取过程中，应保证指标与实际应用相符，尽可能提取关键、含义明确、易于获取与计算的指标，保证数据资料的可得性，以便于实现评价过程的可行性和可操作性。

（6）定量和定性相结合的原则。由于物流是讲究时效的服务行业，时间性和服务性极强，结果数据是否科学、顾客体验是否完美，直接影响着物流服务质量水平的高低。这也决定了跨境电商保税仓物流服务质量评价指标具有定量和定性双重性质。而本书在跨境电商物流服务质量指标的设定上是以量化指标为主，这样可以更大限度地降低主观因素的干扰，使评价结果更加科学有效。同时，由于保税仓环境的特殊性和复杂性，对物流服务质量的评价也涉及客户自身主观感知和判断，部分指标无法量化，如收费增值效果、库位优化程度等。因而，应通过定性与定量结合分析，保证指标来源合理可靠，评价过程有效客观，从而保证评价结果的真实性和参考价值。

2. 评价指标设计思路

跨境电子商务保税仓物流服务包括多方面的内容，整体上有三大主要部分，即关务、仓储、金融。跨境电商保税仓物流服务质量评价指标的设定，需要考虑这三方面的内容。从跨境电商保税仓物流服务存在的问题可以看出指标的设定还需要从两个方面出发：一方面是顾客的期望值和感知度，另一方面是企业自身的组织支撑能力。因此，首先要结合顾客的期望总结出跨境电商保税仓物流服务的从属特征，其次找到与这些从属特征相关联的服务行为，设定服务行为的标准，对实际服务行为进行评价和改进，最后，还要考察组织支撑能力对物流服务行为的正负影响，并加以继承和改进。

3. 评价指标设计标准分析

本书的目的是对跨境电商保税仓物流服务质量进行评价，找出关键性指标关联的行为，并加以改进。效益悖反理论是物流行业最常见的问题，企业一方面要确保服务质量的高水平，另一方面要确保成本的合理控制。本书假设在一种理想的环境下对跨境电商保税仓物流服务质量进行研究，提出改进性措施，通过加强跨境电商保税仓物流服务质量指标的相互作用，达到其物流服务质量的提高，而成本基本不变。

本书在借鉴物流服务质量评价指标体系的基础上，结合国内外跨境电商平台、论坛社区消费者的评论及投诉以及行业标杆企业和专家学者的建议，探索性地设计出跨境电商保税仓物流服务质量评价指标体系，具体分为基于客户感知质量的评价指标和基于组织支撑质量的评价指标。

（1）跨境电商保税仓物流服务功能性指标分析。跨境电商保税仓物流服务功能性评价指标是从顾客角度来测量保税仓在服务上的多样性、增值性。这一指标是完全从顾客的期望角度来设定的，它取决于跨境电商保税仓的物流服务能力和顾客对物流服务功能的期望。因此，根据跨境电商保税仓物流服务的特征，考虑跨境电商保税仓物流服务能力的资料数据以及顾客对物流服务质量的主观认知，可以设计出跨境电商保税仓物流服务功能性指标。

① 仓库服务多样性。反映的是保税仓有能力为顾客提供多方面的有效服务，跨境电商业务是一条完整的供应链，涉及国际供应商、国际海关、货代企业、国内保税区、贸易公司、跨境电商平台、消费者等多个主体。保税仓恰恰是整个链条上的枢纽，因此，提供多样化的服务更容易在行业竞争中获得顾客的青睐，满足其服务期望。如金融、仓储服务和关务服务。

② 仓库服务增值性。反映的是保税仓是否为顾客提供除合同约定外的服务或者个性化服务，如降低保证金、担保等金融服务、向客户更新海关信息、提供转仓设备耗材等。

（2）跨境电商保税仓物流服务时间性指标分析。跨境电商保税仓物流服务的时间性指标是从顾客角度测量保税仓物流服务在时间上的合理性。这一指标是从顾客体验上设计出来的，它取决于跨境电商保税仓的物流服务能力和顾客对物流服务时间的期望。因此，根据跨境电商保税仓物流服务的特征，仅考虑跨境电商保税仓物流服务在时效上的数据资料，可以设计出跨境电商保税仓物流服务时间性指标。

① 报关、转关时间反映的是保税仓报关转关所用的时间，关务组把报关资料整理好发给报关行，报关行负责具体报关工作，报关完成以后货物才能进保税区入仓。一般的报关时间为3～7个工作日。

② 库内作业及时性反映的是商家货物进入仓库之后的非生产性库内作业时间。如货物贴标、上架、下架、出库打托等。货物贴标的时间依据仓库人力和货物属性而定，如小瓶保健品每人每天可处理2000～4000件，而处理大瓶洗洁用品则慢一点。上架时间一般为商品贴完标之后1～3个工作日。出库打托时间依据出货数量而定。

③ 订单处理时间反映的是从客户下单到生成拣货单，拣货领用后的时间。非大促情况下，10时前的单据，当日16时之前必须响应，16时前的单据，当前工作日内必须响应。

④ 订单释放周期反映的是从接到客户订单开始到货物完全发运的时间。包括打印拣货单、拣货、验货包装、称重清关发运五个环节。非大促情况下，16时前的单据当天必须全部处理。

⑤ 异常订单处理时间反映的是处理当前工作日及之前的漏单、漏拣、漏验、漏称重、漏清关发运订单的时间。非大促情况下，异常单必须在当前1个工作日内处理结束。

⑥ 退货时间反映的是消费者把商品退还仓库之后，仓库把商品退还至商家的时间（由于海关总署规定跨境商品出库后的商品不能直接入库），非大促情况下1个工作日内处理结束。

⑦ 换货时间反映的是仓库收到消费者寄回的商品后，补发货物的时间，非大促情况下1个工作日内处理结束。

（3）跨境电商保税仓物流服务安全性指标分析。跨境电商保税仓物流服务的安全性指标是从顾客角度测量保税仓物流服务的安全性。这一指标是从顾客体验上设计出来的，它取决于跨境电商保税仓物流服务的规范性和顾客对物流服务安全性的体验。因此，根据跨境电商保税仓物流服务的特征，考虑跨境电商保税仓物流服务在安全上的数据资料，可以设计出跨境电商保税仓物流服务安全性指标。

① 库存准确率反映的是保税仓实际仓储数据相对于海关台账及商家WMS系统数据的一致程度。包括库位准确率（货位一致）、实际货品的属性准确率

（品名、商家、数量、批次号等）。库位准确率应保持在99.8%以上，库存准确率应保持在99.7%以上。

② 货物破损率反映的是顾客在保税仓内存放的由于仓库自身原因造成的破损货物的比例，应保持在0.1%以内。

③ 发货准确率反映的是保税仓发货的准确程度，规定为100%。

④ 信息准确率反映的是客户及购买产品的属性与所发货物属性的一致程度，规定为100%。

（4）跨境电商保税仓物流服务的经济性指标。跨境电商保税仓物流服务的经济性指标是从顾客角度测量保税仓物流服务在收费上的合理性。这一指标是从顾客体验上设计出来的，它取决于顾客对物流服务在经济上的期望。因此，根据跨境电商保税仓物流服务的特征考虑跨境电商保税仓物流服务在经济上的顾客体验程度，可以设计出跨境电商保税仓物流服务经济性指标。

① 收费合理程度反映的是顾客所有的仓内成本挂靠的合理程度。每项服务的收费标准都依据双方商务谈判后的合同标准。

② 收费的增值效果反映的是顾客购买服务之后所接受的增值服务体验，具体由顾客主观判定。

（5）跨境电商保税仓物流服务的舒适度指标分析。跨境电商保税仓物流服务的舒适性指标是从顾客角度测量保税仓物流在客户交互方面的舒适度。这一指标是从顾客体验出发设计出来的，它取决于客户交互的效果。因此，根据跨境电商保税仓物流服务的特征，考虑跨境电商保税仓物流服务在客户交互体验上的效果，可以设计出跨境电商保税仓物流服务舒适性指标：投诉率反映的是投诉客户数量占总客户数量的比例。投诉率的高低反映了客户接受服务舒适度的高低。客户投诉率应控制在1～2单/月。

（6）跨境电商保税仓物流服务人员指标分析。跨境电商保税仓物流服务的人员指标是从人员综合素质和人效方面测试保税仓物流服务的员工情况。这一指标是从日常管理和生产量方面设定的。因此，根据跨境电商保税仓物流服务的特征，考虑人事资料及跨境电商保税仓员工的日常工作表现，可以设计出跨境电商保税仓物流服务人员指标。

① 员工数量从侧面反映了跨境电商保税仓的生产力状况。一个6000平方米左右的跨境电商保税仓的人员配备应为32人左右，并且生产小组人员至少要占总员工的50%。

② 员工学历反映了跨境电商保税仓员工的整体素质，影响着仓库的生产管理以及服务质量。关务系统部门必须全部为大专及以上学历，其他收货、库存、拣货、验货包装、发运部门负责人须为大专及以上学历，普通生产型员工须为高中（中专）及以上学历。总之，大专及以上学历的员工比例应达60%以上。

③ 员工人效反映的是跨境电商保税仓的生产状况，是最能体现其生产力的指标。保税仓人效应保持在每人10～13单/小时。

（7）跨境电商保税仓物流服务设施指标分析。跨境电商保税仓物流服务的设施指标是从软硬件设备效率来测试保税仓物流服务的设施情况。这一指标是根据满足顾客需要的生产需求方面设定的。因此，根据跨境电商保税仓物流服务的特征，考虑保税仓日常生产所需要的基本操作场地、工具、环境，可以设计出跨境电商保税仓物流服务设施指标。

① 库存面积反映了跨境电商保税仓进出货物的能力，可细分为仓库总面积、可用面积、办公面积、作业面积。一般跨境电商保税仓的面积，小则六七千平方米，大则上万平方米，其中作业区面积占95%以上。

② 库存容量反映了跨境电商保税仓接纳货物以及优化库位的能力，一般指可用空库位的数量。库存容量可以细分为总库位、可用库位、存储位、拣选位、可用存储位、可用拣选位、高速周转区。大促期间各个大型跨境电商仓储都会面临爆仓的情况，大幅影响了作业效率。

③ 信息系统严重影响着跨境电商保税仓的物流服务质量。主要包括WMS系统和关务系统。保税仓WMS系统是和海关总署以及跨境电商平台企业相连接的仓库专用系统，不仅和仓库日常生产作业息息相关，还关系着企业的数据安全。小型跨境电商保税仓一般会选择第三方提供的WMS系统，大型跨境电商保税仓往往会自行研发WMS系统，但是灵活性不及第三方公司。关务系统由海关

提供，与企业无关。

④ 操作设备是跨境电商保税仓日常生产的最基本的劳动工具。一般包括移动手持、办公用计算机、拣货车、高位叉车、流水线、气泡机、各种耗材等。这些设备的质量和便捷性对于日常生产的影响不是很大，但是在面对“双十一”“双十二”这样的大促活动时至关重要，严重影响保税仓的作业效率。

（8）跨境电商保税仓物流服务方法指标。跨境电商保税仓物流服务的方法指标是从保税仓的作业效率来测试保税仓作业方法的科学性和有效性。这一指标是根据日常生产过程需要和生产结果反馈设定的。因此，根据跨境电商保税仓物流服务的特征，考虑员工使用的工作方法在日常生产中的效果，可以设计出跨境电商保税仓物流服务方法指标。

① 标准型作业方法是跨境电商保税仓的标杆性作业方法，也是衡量跨境电商保税仓物流服务质量的重要指标之一，作业方法是否规范、科学、有效，直接影响仓库的作业效率。每个环节的随性操作都会给此生产链的下游及整个仓库造成作业困难。

② 创新型作业方法是跨境电商保税仓提升服务质量的重要法宝。一方面跨境电商零售进口商品属性各异，种类复杂，标准化作业难度大；另一方面跨境电商保税仓物流作业季节性较强，主要业务集中在几个大促活动，这就对作业方法的创新提出了高要求。

在不同的环境下，针对不同的商品采取特定的作业方法，不仅可以降低作业成本，还可以提高作业效率。因此，保税仓物流服务一定要注重库内作业的灵活性和创新性。

（9）跨境电商保税仓物流服务的环境指标。跨境电商保税仓物流服务环境评价指标是从日常作业过程及作业效果来测量保税仓物流的作业环境。这一指标是从员工的工作角度来设定的，它取决于跨境电商保税仓的上层架构和企业文化。因此，根据跨境电商保税仓物流服务的特征，考虑跨境电商保税仓作业状态，可以设计出跨境电商保税仓物流服务环境指标。

① 制度架构反映的是跨境电商保税仓上层管理是否标准化、规范化。具

体包括：考勤制度、安全制度、库区作业制度、绩效考核制度、文化建设制度等。

② 工作氛围反映的是跨境电商保税仓部门之间的协同性。物流企业相对其他企业部门之间的联系更为紧密，任何环节的差错都会给整个团队造成不便，因此团结的工作氛围至关重要。此外，团队应保持一种积极向上的心态，相互学习，不怨天尤人。

③ 库区环境可以侧面反映出跨境电商保税仓执行力和生产力方面的能力。整洁有序的库区环境不仅能使员工轻松愉快地工作，还能在顾客心中塑造一种标准规范的印象，形成“标签效应”。

4．评价指标体系的构建

本部分结合跨境电商保税仓物流服务的相关文献研究和跨境电商物流服务实地调研结果，对跨境电商保税仓物流的发展现状和问题进行了分析。在充分考虑前面指标设计原则和设计思路的基础上，探索性地开发出了具有9个一级指标，28个二级指标的跨境电子商务保税仓物流服务质量评价指标体系，其中定性指标11个，定量指标17个。

本书建立的指标体系从顾客感知和组织支撑两个方面入手，将跨境电商保税仓物流服务功能性指标、跨境电商保税仓物流服务时间性指标、跨境电商保税仓物流服务安全性指标、跨境电商保税仓物流服务经济性指标、跨境电商保税仓物流服务舒适度指标、跨境电商保税仓物流服务人员指标、跨境电商保税仓物流服务设施指标、跨境电商保税仓物流服务方法指标、跨境电商保税仓物流服务环境指标定位为一级指标，且从顾客感知和组织支撑的综合视角出发，根据指标体现的不同方面的特征，选择仓库服务多样性、仓库服务增值性、报关、转关及时性、库内作业及时性、订单处理时间、订单释放周期、异常订单处理时间、退货时间、换货时间、库存准确率、货物破损率、发货准确率、信息准确率、收费合理程度、收费增值效果、投诉率、员工数量、员工学历结构、员工人效、库存面积、库存容量、信息系统、操作设备、标准型作业流程、创新型作业流程、制度架构、工作氛围、库区环境作为二级指标，见表4–5。

表4-5　跨境电商保税仓物流服务质量评价指标体系

项目	一级指标		二级指标		指标属性
顾客服务感知	B1	功能性	C1	仓库服务多样性	定性指标
			C2	仓库服务增值性	定性指标
	B2	时间性	C3	报关、转关及时性	定量指标
			C4	库内作业及时性	定量指标
			C5	订单处理时间	定量指标
			C6	订单释放周期	定量指标
			C7	异常订单处理时间	定量指标
			C8	退货时间	定量指标
			C9	换货时间	定量指标
	B3	安全性	C10	库存准确率	定量指标
			C11	货物破损率	定量指标
			C12	发货准确率	定量指标
			Cl3	信息准确率	定量指标
	B4	经济性	C14	收费合理程度	定性指标
			C15	收费增值效果	定性指标
	B5	舒适度	C16	投诉率	定量指标
组织支撑	B6	人员	C17	员工数量	定量指标
			C18	员工学历结构	定量指标
			C19	员工人效	定量指标
	B7	设施	C20	库存面积	定量指标
			C21	库存容量	定量指标
			C22	信息系统	定性指标
			C23	操作设备	定性指标
	B8	方法	C24	标准型作业流程	定性指标
			C25	创新型作业流程	定性指标
	B9	环境	C26	制度架构	定性指标
			C27	工作氛围	定性指标
			C28	库区环境	定性指标

（二）基于灰色关联度分析跨境电商保税仓物流服务质量评价

1. 评价方法概述和确定

不需要确定指标权重的服务质量评价方法有马田系统和主成分分析，需要确定指标权重的服务质量评价方法有TOPSIS法（Technique for Order Preference by Similarity to Ideal Solution，逼近理想值的排序分析方法）、灰色关联度分析等。不同的方法有不同的适应性，需要根据具体的问题选择评价方法。

（1）日本田口玄一博士等于2000年首次提出马田系统的概念。马田系统首先是采用正交表和信噪比优化指标体系，淘汰对结果影响较小的指标，然后预测样本到基准空间的马氏距离，并与评价阈值对比，从而有效评价样本质量情况。马田系统不仅可以对服务质量进行合格评定，还能进行星级评定，缺点是基准空间存在很大的主观性，阈值确定也是依靠经验。

（2）主成分分析，旨在利用降维的思想，把多指标转化为少数几个综合指标（主成分），其中每个主成分都能够反映原始变量的大部分信息，且所含信息互不重复。主成分分析法研究如何通过少数几个主成分来解释多变量的方差—协方差结构。主成分分析不适用对企业进行单独分析。

（3）T0PS1S法是由C.L.Hwang和K.Yoon于1981年首次提出的，主要依靠“理想解”和“负理想解”来排序，将理想值重新组成一个理想的方案，根据各方案与理想方案的距离来评价出最优方案。

（4）20世纪80年代初，灰色关联度分析是由邓聚龙教授研究出来的，其研究对象是“部分信息未知”和“部分信息已知”的“贫信息”系统。在系统发展过程中，若两个因素变化的趋势具有一致性，即同步变化程度较高，可谓两者关联程度较高；反之，则较低。灰色关联分析首先是找到标准数列，即各反映样本行为特征的数据序列。然后算出样本与标准数据序列的关联程度，关联程度越高，结果越满意。该方法的评价结果比较客观，并且不要求全部数据，计算过程简单且易操作。

通过对以上服务质量评价方法的使用方法和特点进行分析，本部分选取灰色关联度分析作为跨境电商保税仓物流服务质量评价的方法。有以下几点理由。

① 跨境电商保税仓物流服务质量评价的目的在于对现有保税仓服务质量进行评价改进，不仅有定性描述还有定量评价，指标的处理过程涉及专家、顾客的主观评价，为了使评价过程更为公平客观，评价结果更加真实可信，还需要对某些指标数据进行数理方法评价。

② 灰色关联度分析可以运用此方法解决随时间变化的综合评价类问题，且能提供样本标准，使保税仓及其利益相关者在对样本进行改进时，更加容易且有效。另外，这种评价方法计算简单，操作性强并且结构直白，适合跨境电商保税仓物流服务管理。

2. 评价指标权重的确定

在跨境电商保税仓物流服务质量的评价指标体系中，一种指标与同类任何其他指标相比，其发挥的作用、地位、对服务质量的影响程度都是不一样的。因此，要基于每个指标的重要程度对其赋予权重。指标的权重关乎这一指标对总体服务质量的贡献率。科学有效的指标权重是跨境电商保税仓物流服务质量评价的关键。目前计算指标权重的方法有很多，主观赋权法有加权法、多元分析法、层次分析法、模糊统计等，客观赋权法有熵值法、线性规划法等。本书考虑到指标特征和可操作性选取层次分析法进行权重判定。

（1）层次分析法的应用。层次分析法（AHP）是将待决策问题分解成目标、准则、方案等层次，进行定量和定性分析的一种决策方法。层次分析法是先把待决策问题层次化，然后用求解判断矩阵特征向量的办法，求得每一层次的各元素对上一层次某元素的优先权重，最后再用加权和的方法递阶归并各备择方案对总目标的最终权重。

（2）构造保税仓物流服务质量的层次分析结构。对于跨境电商保税仓物流服务质量这个问题，层次分析模型结构有三层：最高层目标层为提升物流服务质量；中间层为准则层，即保证物流服务质量的九个方面：功能性、时间性、安全性、经济性、舒适度、人员、设施、方法、环境；最下一层为具体方案，一共28个。

（3）构造判断矩阵并进行一致性检验。这一步主要是根据准则层和方案层对于目标层的不同影响，进一步确定权重。将准则层的九个因素：功能性、时间性、安全性、经济性、舒适度、人员、设施、方法、环境［设为X_i（1，2，…，9）］，判断某层次某个因素X_i相对于另外一个因素X_j的重要值，这个重要值用V_{ij}表示，并建立判断矩阵$\boldsymbol{A}$=（V_{ij}）$_{m/n}$，其具有以下形式。

$$\boldsymbol{A}=\begin{bmatrix} V_{11} & V_{12} & \cdots & V_{1n} \\ V_{21} & V_{22} & \cdots & V_{2n} \\ \vdots & \vdots & \vdots & \vdots \\ V_{m1} & V_{m2} & \cdots & V_{mn} \end{bmatrix} \tag{4-1}$$

矩阵$\boldsymbol{A}$中V_n的取值用1～9级标度来确定，V_{ji}的取值用1/9～1级标度方法确定，见表4-6。

表4-6 判断矩阵标度及其释义

序号	重要性等级	赋值
1	*i*元素和*j*元素同等重要	1
2	*i*元素比*j*元素稍重要	3
3	*i*元素比*j*元素明显重要	5
4	*i*元素比*j*元素强烈重要	7
5	*i*元素比*j*元素极端重要	9
6	*i*元素比*j*元素稍不重要	1/3
7	*i*元素比*j*元素明显不重要	1/5
8	*i*元素比*j*元素强烈不重要	1/7
9	*i*元素比*j*元素极端不重要	1/9

根据数学理论算出矩阵A的特征根λ。层次分析法使用半段矩阵最大的特征根之外的其余特征根的负平均值作为判断矩阵是否偏离的指标，即：

$$CI=\frac{\lambda_{\max}-n}{n-1} \tag{4-2}$$

当CI=0，$\lambda_1=\lambda_{\max}=n$时，判断矩阵具有完全一致性。由于评价指标较为复杂，判断矩阵在咨询多位专家之后形成，如果各专家的判断协调一致，没有相互矛盾，则称判断思维具有一致性。当判断矩阵的一致性指标*CI*与同阶平均随机一致性指标*RI*的比率小于0.10时，就认为判断矩阵具有满意的一致性，否则就要调整判断矩阵，*RI*的值列于表4–7中。

表4–7　*RI*值

1	2	3	4	5	6	7	8	9
0	0	0.58	0.9	1.12	1.24	1.32	1.41	1.45

（4）判定权重。一级指标权重，见表4–8。

表4–8　一级指标权重

B1	B2	B3	B4	B5	B6	B7	B8	B9
0.041	0.202	0.202	0.0493	0.1156	0.202	0.0754	0.0754	0.0371

二级指标权重，见表4–9。

表4–9　二级指标权重

C1	C2	C3	C4	C5	C6	C7
0.0205	0.0205	0.007696	0.007696	0，055813	0.055813	0.035087
C8	C9	C10	C11	C12	C13	C14
0.019958	0.019958	0.01614	0.017877	0.084194	0.083769	0.02958
C15	C16	C17	C18	C19	C20	C21
0.01972	0.1156	0.014827	0.0404	0.146793	0.005278	0.005278
C22	C23	C24	C25	C26	C27	C28
0.040595	0.024241	0.03016	0.04524	0.023633	0.009583	0.003884

3. 评价指标数据处理

跨境电商保税仓物流服务质量评价指标有定性指标也有定量指标，本书对11个定性指标数据的处理依据行业经理人2人、跨境电商平台经理人2人进行10

分制打分，按照其合理程度划分等级：很不合理、不合理、不太合理、一般、较合理、合理、很合理，对应的分数依次为0～2分，2～4分，4～6分，6～7分，7～8分，8～9分，9～10分，评分标准如表4–10所示。采用加权平均法计算出指标最终得分，依据专家的权威性给专家做权重判定W_i（i=1，2，3，4）。评分矩阵如表4–11所示。

设定E为专家集，E={E1，E2，E3，E4}；设定G为指标集，G={G1，G2，⋯，G_n}（n=1，2，⋯，11）；设定X，Y，M，N为评价对象，X_{ij}（i=1，2，⋯，4；j=1，2，⋯，11）为i专家对X评价对象第j项指标的打分，Y_{ij}（i=1，2，⋯，4；j=1，2，⋯，11）为i专家对Y评价对象第j项指标的打分，M_{ij}（i=1，2，⋯，4；j=1，2，⋯，11）为i专家对M评价对象第j项指标的打分，N_{ij}（i=1，2，⋯，4；j=1，2，⋯，11）为i专家对N评价对象第j项指标的打分。

表4–10　评分标准

很不合理	不合理	不太合理	一般	较合理	合理	很合理
0～2分	2～4分	4～6分	6～7分	7～8分	8～9分	9～10分

表4–11　评分矩阵

专家集	指标集	评价对象集			
		X	*Y*	*M*	*N*
*E*1	*G*1	*X*11	*Y*11	*M*11	*N*11
	*G*2	*X*12	*Y*12	*M*12	*N*12
	*G*3	*X*13	*Y*13	*M*13	*N*13
	*G*4	*X*14	*Y*14	*M*14	*N*14
	*G*5	*X*15	*Y*15	*M*15	*N*15
	*G*6	*X*16	*Y*16	*M*16	*N*16
	*G*7	*X*17	*Y*17	*M*17	*N*17
	*G*8	*X*18	*Y*18	*M*18	*N*18
	*G*9	*X*19	*Y*19	*M*19	*N*19
	*G*10	*X*110	*Y*110	*M*110	*N*110
	*G*11	*X*111	*Y*111	*M*111	*N*111

续表

专家集	指标集	评价对象集			
		X	Y	M	N
E2	G1	X21	Y21	M21	N21
	G2	X22	Y22	M22	N22
	G3	X23	Y23	M23	N23
	G4	X24	Y24	M24	N24
	G5	X25	Y25	M25	N25
	G6	X26	Y26	M26	N26
	G7	X27	Y27	M27	N27
	G8	X28	Y28	M28	N28
	G9	X29	Y29	M29	N29
	G10	X210	Y210	M210	N210
	G11	X211	Y211	M211	N211
E3	G1	X31	Y31	M31	N31
	G2	X32	Y32	M32	N32
	G3	X33	Y33	M33	N33
	G4	X34	Y34	M34	N34
	G5	X35	Y35	M35	N35
	G6	X36	Y36	M36	N36
	G7	X37	Y37	M37	N37
	G8	X38	Y38	M38	N38
	G9	X39	Y39	M39	N39
	G10	X310	Y310	M310	N310
	G11	X311	Y311	M311	N311
E4	G1	X41	Y41	M41	N41
	G2	X12	Y42	M42	N42
	G3	X43	Y43	M43	N43
	G4	X44	Y44	M44	N44
	G5	X45	Y45	M45	N45
	G6	X46	Y46	M46	N46
	G7	X47	Y47	M47	N47
	G8	X48	Y48	M48	N48
	G9	X49	Y49	M49	N49
	G10	X410	Y410	M410	N410
	G11	X411	Y411	M411	N411

设S_{cj}（j=1,2,⋯，11；c=x,y,m,n）为C评价对象第j个指标的得分，计算公式如下：

$$S_{cj}=\frac{\sum_{i=1}^{4}c_{ij}\times w_i}{\sum_{i=1}^{4}w_i}(i=1,2,\cdots,4;j=1,2,\cdots,11;c=x,y,m,n) \quad （4–3）$$

4．灰色关联度分析

在跨境电商保税仓物流服务质量评价中的应用，对于跨境电商保税仓物流服务质量的综合评价，实际上是一个排序问题，在众多保税仓中排出优先顺序。灰色综合评价法主要是依据模型。

$$\boldsymbol{R}=\boldsymbol{E}\times\boldsymbol{W} \quad （4–4）$$

式中：$\boldsymbol{R}$为m个评价对象的评价结果向量；$\boldsymbol{W}$为n个评价指标的权重向量；$\boldsymbol{E}$为指标的判断矩阵。

$$\boldsymbol{E}=\begin{bmatrix} f_1(1) & f_1(2) & \cdots & f_1(n) \\ f_2(1) & f_2(2) & \cdots & f_2(n) \\ \vdots & \vdots & \vdots & \vdots \\ f_m(1) & f_m(2) & \cdots & f_m(n) \end{bmatrix} \quad （4–5）$$

式中：f_c（j）为C方案中第j个指标与第j个最优指标的关联系数。

灰色关联度的计算有以下几个步骤。

（1）判定最优指标集。最优指标集的选择根据评价对象的实际情况而定，如果某一指标取最大值为好，则取该指标在各个评价对象中的最大值，如净收益；如果某一指标取最小值为好，则取该指标在各个评价对象中的最小值。但是，在最优值的选取过程中还要考虑评价对象的实际情况，最优指标的选取要贴近现实，特别要注意物流企业普遍具有效益悖反理论。构造指标集矩阵$\boldsymbol{D}$。

$$\boldsymbol{D}=\begin{bmatrix} l_1 & l_2 & \cdots & l_n \\ l_1 & l_{21} & \cdots & l_{31} \\ \vdots & \vdots & \vdots & \vdots \\ l_{1m} & l_{2m} & \cdots & l_{nm} \end{bmatrix} \quad （4–6）$$

式中：l_{jc}——C方案中第j个指标的原始数值。

（2）处理指标原始数据。因为评价对象的指标有不同的量纲和数量级，因此不能直接比较，为了确保结果的科学性，需要对指标原始数据进行规范化处理，化为$V_{jc}\in[0,1]$。

$$V_{jc}=\begin{cases}\dfrac{l_{jc}}{l_j^{\max}},1\leqslant j\leqslant n,1\leqslant c\leqslant m,l_{jc}\in B\\ \dfrac{l_j^{\min}}{l_{jc}},1\leqslant j\leqslant n,1\leqslant c\leqslant m,l_{jc}\in C\end{cases}\qquad(4\text{–}7)$$

第j个指标的变化区间为［$l_j^{\min}$, $l_j^{\max}$］，$l_j^{\min}$为第j个指标最小值，$l_j^{\max}$为第j个指标最大值，其中b为效益指标，c为成本指标。这样D→G矩阵。

$$\boldsymbol{E}=\begin{bmatrix}v_1 & v_2 & \cdots & v_n\\ v_1 & v_{21} & \cdots & v_{n1}\\ \vdots & \vdots & \vdots & \vdots\\ v_{1m} & v_{2m} & \cdots & v_{nm}\end{bmatrix}\qquad(4\text{–}8)$$

（3）计算综合评价结果。根据灰色理论将**G**矩阵第一行作为参考数列，将其他行作为比较数列，利用关联性分析求出f_{cj}的值，即C方案中第j个指标与第j个最优指标的关联系数。

$$f_{cj}=\frac{\underset{c}{\min}\underset{j}{\min}\left|v_{j*}-v_{jc}\right|+\mu\underset{c}{\max}\underset{j}{\max}\left|v_{j*}-v_{jc}\right|}{\left|v_{j*}-v_{jc}\right|+\mu\underset{c}{\max}\underset{j}{\max}\left|v_{j*}-v_{jc}\right|}\qquad(4\text{–}9)$$

μ位于0～1区间内，一般取值0.5。

$$r_c=\sum_{j=1}^{n}w_j\times f_{cj}\qquad(4\text{–}10)$$

若r_c越大，说明第c保税仓越接近目标方案，可以据此排序。

第五章　跨境电子商务支付与结算

第一节　国内跨境电子商务支付与结算平台分析

一、支付宝的跨境电子商务支付与结算分析

（一）支付宝跨境电子商务支付与结算的分类

支付宝跨境电子商务支付与结算目前主要有如下三种形式。

1．境内消费者在境外消费时通过支付宝付款给境外商家

2018年2月，支付宝宣布进入迪拜，这意味着以后中国居民到迪拜旅游也可以使用支付宝支付，再也不用随身携带大量现金了。

在美国、加拿大、德国、法国、日本、新加坡、马来西亚等国家和地区，十余万家商户竞相打出“支付宝价”，让境外使用支付宝的用户量达到了2017年的2.5倍。

扫一扫即时退税无压力，边逛店边领券还有折扣拿——2017年“双十二”期间，有180万张境外优惠券被领空。而这些，正是支付宝“全球付”的一个缩影，即服务中国消费者的出境游需求，把他们在国内习以为常的方便快捷的移动支付生活无缝平移到境外。

目前，支付宝在境外已接入了数十万线下商户门店，范围涵盖餐饮、超市、百货、便利店、免税店、主题乐园、境外机场等。

2. 境内消费者在跨境电子商务平台上购买境外商品时，通过支付宝付款给境外商家

很多境外跨境电子商务平台支持支付宝付款和境外直邮到境内。还有些网站尚未接入支付宝付款，如亚马逊有AmazonPay，eBay有PayPal，当然各家都支持消费者的双币信用卡支付。

（二）支付宝跨境电子商务支付与结算的优势与风险

1. 支付宝跨境电子商务支付与结算的优势

（1）方便快捷。无论是境内消费者在境外消费，还是境内消费者在跨境电子商务平台上购买境外商品，都可以通过支付宝付款。即便是境内用户跨境付款给境外商家、朋友或境外用户跨境支付给境内商家、朋友，也可以通过支付宝国际汇款实现，非常方便快捷。

（2）覆盖面广。截至2018年3月，中国境内游客能在境外36个国家和地区的数十万家商户里用支付宝付款并即时退税。境内消费者也能在众多的境外跨境电子商务平台上购物时通过支付宝付款给境外商家。支付宝国际汇款也已经支持10种主流外币的国际汇款。

（3）资金到账快。境外实体店支付宝扫码付款、境外跨境电子商务平台支付宝购物付款都可以实现实时到账，即便是支付宝国际汇款，也能够实现短时间到账，几乎等同于实时到账。在境外购物后的退税上，也能实现快速退税。

（4）安全。大部分中老年游客习惯使用现金，但现金的使用存在诸多问题。首先，我国境内兑换外币有一定的限额，难以满足所有消费需求。其次，消费者无论是在境内还是境外兑换外币都将承担一定的手续费，从而提高了旅游的消费成本，消费积极性在一定程度上受到抑制。此外，出门携带大量现金很不安全。相对于现金，刷卡消费虽然更为安全，但跨境刷卡消费仍需承担一定的手续费，并且需要输入密码和签字，交易程序相对复杂。在网上通过银行卡结算时往往还需通过手机接收验证码来完成支付，这就需要消费者开通与银行卡绑定的手机号的境外通信功能，而很多消费者在出境旅游前并未考虑到

这一点，且开通此项功能也需要一定的成本，因此也给境外在线支付造成了困难。

传统支付手段给商业交易带来的种种壁垒需要通过创新加以解决。而支付宝作为第三方支付平台，其扫码支付功能及指纹密码锁功能为用户提供了安全快捷的支付解决方案，可减少境内游客在境外旅游消费的成本，使交易更加便利可靠。

2. 支付宝跨境电子商务支付与结算的风险

（1）法律风险。支付宝移动支付是近年来新兴的支付方式，在这一领域的国内法律法规及国际公约还不够完善，跨境的移动支付更将面临一系列法律风险，其中一项重要的问题就是账户资金安全的法律风险由谁承担，而针对不同的安全问题，其相应的安全保障责任分配也不尽相同，适用的法律管辖权也将有所差异。

（2）用户个人风险。支付宝跨境支付的场景往往是境内用户在境外旅游消费或在境内付款给境外商家，这种支付场景相对匆忙，用户对自己的身份证、账户密码及智能手机保管不善也容易造成账户资金被盗。

（三）支付宝跨境电子商务支付与结算的流程

境内客户在境外支持支付宝付款的商户消费以及境内用户在境外跨境电子商务平台上购物时用支付宝付款，都相对简单，故接下来介绍通过支付宝国际汇款给境外朋友汇款的流程。

（1）下载手机支付宝。目前，支付宝推出的国际汇款业务只有在支付宝的手机客户端才有。在支付宝网页版的登录界面上暂时还没有开通国际汇款业务。手机上安装支付宝钱包的时候，一定要认准官方版本。

（2）登录个人手机支付宝。

（3）搜索“国际汇款”，并进入上银汇款。

（4）进入立即汇款。

（5）填写汇款信息（汇款用途按实际需求选择）和汇款人相关信息。

（6）阅读《个人购汇申请书》。

（7）填写预计用汇时间和购汇用途说明书及保证书。

（8）确认付款。

二、微信跨境电子商务支付与结算分析

（一）微信跨境电子商务支付与结算的分类

微信跨境电子商务支付与结算目前主要有如下三种形式。

1. 境内消费者在境外消费时通过微信付款给境外商家

（1）跨境支付功能，实现多方共赢。2015年年底，在微信支付刚刚开通跨境支付功能之时，微信支付团队就披露并详细解读了微信跨境支付开放体系与策略的内容，强调通过直连、机构服务商和普通服务商三种开放模式，与境外商户展开合作。

（2）围绕“微信生态”开展跨境支付业务。微信支付是微信生态内的支付工具。早在2014年8月，微信支付就公布了“微信智慧生活”全行业解决方案，即以“微信公众号+微信支付”为基础，帮助传统行业将原有商业模式“移植”到微信平台，通过移动电子商务入口、用户识别、数据分析、支付与结算、客户关系维护、售后服务和维权、社交推广等能力形成整套的闭环式移动互联网商业解决方案。之后，微信支付的布局基本沿着这个思路展开。而在跨境支付业务推动过程中，微信支付也是围绕“微信生态”展开的。

2017年4月，微信支付在中国香港地区举行了名为“微信智慧工坊·跨境版”的全球巡回讲座，首次在中国香港地区公开讲解跨境电子商务支付机制，并正式向中国香港地区的市场发布“支付+会员”的解决方案。

为提升跨境电子商务支付的体验，微信支付不断完善解决方案。在产品层面，增加了汇率等显示，消费者可以直接支付人民币，且实时看到即期汇率情况；在运营层面，微信支付指导商户如何利用微信生态体系更好地针对中国游客的长尾运营，并专门为境外商户提供产品及运营方案服务。

2. 境内消费者在跨境电子商务平台上购物时通过微信付款给境外商家

境内消费者最熟悉的Amazon和eBay等网站，因为和阿里巴巴之间的竞争关

系以及自有支付工具等原因，所以没有接入微信支付。亚马逊有AmazonPay，eBay有PayPal，当然各家都支持消费者的双币信用卡支付。除此之外，当然还是有部分境外跨境电子商务平台支持微信付款和境外直邮到境内，不过相对于支付宝要少。

3．境内用户跨境付款给境外商家、朋友或境外用户跨境支付给境内商家、朋友

微信支付可以转账给境外朋友，前提是对方也在使用微信，但是微信钱包无法充值和提现到境外银行卡。这点是严格遵守国家外汇管理的需要。

（二）微信跨境电子商务支付与结算的流程

用户在境外支持微信付款的商户消费时，只需要登录微信并出示付款二维码，商家扫码即可完成付款，流程相对简单。

（1）下载手机微信。

（2）在首页中点击“我”。

（3）点击“钱包”。

（4）点击“收付款”。

（5）随后便会出现向商家付款的二维码，出示给商家扫描即可完成付款。

三、连连支付的跨境电子商务支付与结算分析

（一）连连支付概况

连连银通电子支付有限公司（以下简称连连支付）是专业的第三方支付机构，是中国领先的行业支付解决方案提供商。该公司于2003年在杭州高新区成立，注册资金3.25亿元，是连连集团旗下全资子公司。连连支付是中国（杭州）综试区首批战略合作伙伴。

连连支付于2011年8月29日获得了中国人民银行颁发的《支付业务许可证》，业务类型为互联网支付、移动电话支付，覆盖范围为全国，于2016年8月29日完成支付业务许可证续展。同时，公司于2015年1月12日获

得中国人民银行杭州中心支行许可，开展电子商务跨境人民币结算业务；2015年2月13日获得国家外汇管理局浙江省分局许可，开展跨境外汇支付业务。

基于跨境贸易及移动支付高速发展的现状，为满足各企业商家在交易环节中不断提高的收/付款需求，连连支付打造了以跨境支付、移动支付、O2O支付、大数据风控为业务核心的全球化支付解决方案，极大缩短了跨境贸易商家的资金汇兑周期，提升了全球贸易企业的货币处理效率，助推了互联网交易产业的进一步完善。

（二）连连支付的跨境电子商务支付与结算模式

连连支付的跨境电子商务支付与结算模式目前主要包括帮助商家在亚马逊店铺的跨境收款、提现以及PayPal账户提现。

1. 帮助商家在亚马逊店铺的跨境收款、提现

近年来，在中国外贸市场总体趋于平稳的大环境下，跨境出口电子商务一枝独秀。不少卖家纷纷杀入跨境电子商务这片蓝海，选平台、选品类、选产品、选物流……好不容易终于大卖了，可碰到跨境收款这只“拦路虎”：开户难、开户贵、收款慢、费率贵、管理麻烦。连连支付的跨境收款就是由连连支付专门为中国跨境电子商务卖家打造的一款产品。连连支付的跨境收款支持亚马逊北美站、日本站和欧洲站等五大站点，一次性打通美元、日元、欧元、英镑四大主流币种，为跨境电子商务卖家提供真正国际化的服务。无论在亚马逊哪个站点销售产品，连连支付的跨境收款都能提供高效安全的收款服务，真正助力卖家们“卖全球”。

在亚马逊上开店，境外客户不可能把钱直接打到境内商家的境内银行账户，境内商家一定要用境外银行账户去收钱，这样就有三种方式。第一种是境内卖家自己去境外成立银行账户，用这个账户收钱。采用这种模式的，主要是华东一带一些制造业和一些房地产贸易公司转型做跨境。一般正规的做法是先成立境内这家公司，类似于母公司，然后在境外成立一家子公司，如境内这家公司叫A公司，美国的那家公司叫B公司，用B公司去做亚马逊，钱会直接打到

B公司，然后B公司再以传统贸易公司把资金给拿过来，这样就形成了一个闭环，是B2B、B2C的模式。第二种是离岸账户，这也是很多传统贸易公司的做法。他们在境外有一些离岸账户，而这些离岸账户也可以收亚马逊的钱，但亚马逊会收取3.5%的货币损耗费，例如，用美国的账户去收欧洲的钱，这样亚马逊就会收3.5%的货币损耗费，这个比例是相当高的。现在90%以上的卖家都是通过第三方支付来开设境外银行账户，这样的方式有以下优点：第一操作简便，第二成本也不会特别高，第三不需要那么多手续，收款速度非常快，可能一两天就到账。

连连支付的亚马逊提现手续费是0.7%，在跟亚马逊官方合作的企业里费用是最低的。在亚马逊所有站点，所有币种都能收，包括美元、欧元、英镑、日元，而且提现到账速度很快，最快的提现到账速度是6～7秒，一般两个小时之内就能提现到账，真正做到了为跨境电子商务卖家提供专业、灵活、高效、便捷的国际跨境收款服务。

2. PayPal账户提现

连连支付通过和PayPal的合作，推出可选择性人民币提款服务。商户能将账户中的余额以人民币的形式提取出来，从而大大减轻了商户的现金流压力，提升了交易的便捷性。它的特点如下。

（1）没有外汇人均每年5万美元的限制。

（2）该业务只面向中国公民、中国企业注册的PayPal账户。

（3）兑换汇率按中国银行当天美元现汇牌价。

（4）该项人民币提款业务手续费仅1.2%，到账时间3～4天；无其他任何费用。

（5）最低提现额是150美元，单笔最高为10000美元；每天提现不超过5笔；每天提现限额为3万美元。

下面两种情况可以考虑使用。

场景一：经常有小金额提现的需求。

比如，一单收了500美元，想提出来，电汇手续费是单笔35美元，加上银行中转费8～12美元，到账450美元左右。

使用人民币提现之后：手续费500×1.2%=6（美元）（为全部费用）。

场景二：个人结汇额度5万美元用完。

外汇管制是人均一年5万美元结汇限制，而PayPal人民币提现没有5万美元的限制。

（三）连连支付的跨境电子商务支付与结算特点

1. 方便快捷

国内亚马逊商家通过连连支付提现，最快的到账速度是6～7秒，一般2个小时内就能提现到账。PayPal账户提现的到账时间为3～4天，还是比提现到银行卡快。

2. 成本低

连连支付的亚马逊提现手续费是0.7%，在跟亚马逊官方合作的企业里费用是最低的。通过连连支付，用户将PayPal中的外币提现为人民币，手续费仅为1.2%，无其他费用。

3. 安全可靠

连连支付在跨境支付业务上仅次于支付宝和微信支付，获得中国人民银行和国家外汇管理局的支付业务许可，跨境人民币结算业务许可和跨境外汇结算业务许可，有中国人民银行和国家外汇管理局双重从业许可权威认证，资金更安全。

（四）连连支付的跨境电子商务支付与结算流程（以亚马逊收款为例）

（1）登录连连支付用户网站，点击“立即注册”。

（2）申请境外收款账户。

（3）账号的店铺配置。

（4）安全更换亚马逊收款账号，绑定连连支付的银行账号9位收款路线号码即可。

第二节 国外跨境电子商务支付与结算平台分析

一、PayPal跨境电子商务支付与结算分析

（一）PayPal跨境电子商务支付概述

PayPal（国内称为“贝宝”），是美国eBay公司的全资子公司，1998年12月由Peter Thiel及Max Levchm建立，总部位于美国加利福尼亚州圣荷西市。PayPal致力于提供普惠金服务，帮助人们和企业参与全球经济并获得成功。PayPal电子支付平台让2.27亿PayPal活跃用户通过强大的新方式，完成线上、移动端、App以及面对面的连接与交易。通过技术创新与战略合作相结合，PayPal为资金管理和移动创造了更好的方法，为人们转账、付款或收款提供了更多灵活的选择。目前，PayPal支付平台遍及全球200多个国家和地区，支持用户接收100多种货币付款，56种货币提现，并在PayPal账户中拥有25种不同货币的余额。

（二）PayPal支付与结算流程

付款人可通过如下步骤使用PayPal给商家或者收款人支付一笔金额。

（1）只要有一个电子邮件地址，付款人就可以开设PayPal账户，通过验证成为其用户，并提供信用卡或者相关银行资料，增加账户金额，然后将一定数额的款项从其开户时登记的账户（例如信用卡）转移至PayPal账户下。

（2）当付款人启动向第三人付款的程序时，必须先进入PayPal账户，指定汇出金额，并给PayPal提供收款人的电子邮件账号。

（3）PayPal向商家或者收款人发出电子邮件，通知其有等待领取或转账的款项。

（4）如商家或者收款人也是PayPal用户，其决定接受后，付款人所指定之款项即转给收款人。

（5）若商家或者收款人没有PayPal账户，则收款人要按照PayPal电子邮件内容的指示，进入网页注册，取得一个PayPal账户。收款人可以选择将取得的款项转换成支票。

二、Western Union跨境电子商务支付与结算分析

（一）Western Union的发展历程

西联汇款（Western Union）是西联国际汇款公司的简称，是世界上领先的特快汇款公司。Western Union成立于1851年，那时名为纽约和密西西比流域印刷电报公司；1856年正式更名为Western Union电报公司；1871年引入Western Union Money Transfer服务，并从此成为公司的主要业务；1996年在科罗拉多州的英格伍德成立了北美总部，并在巴黎、维也纳和中国香港设立了新办事处。2006年，Western Union终止了在历史上非常重要的电报服务，并成功地完成了转型。

目前Western Union在中国的合作网点逾280001个，服务覆盖全国31个省、自治区和直辖市。

（二）Western Union的收付款方式

1．汇款

Western Union的取款和汇款的方法比较简单，只需到最近的Western Union合作网点办理即可（例如中国邮政储蓄银行、中国农业银行、浦发银行、中国光大银行、浙江稠州商业银行、吉林银行和福建海峡银行等）。

（1）填写汇款表单。客户需填写表单，然后向Western Union的合作伙伴出示身份证或其他证件。

（2）支付汇款手续费。客户需将要汇出的款额连同必要的服务费一起交给Western Union的合作伙伴。

（3）签名并接收收据。在确认收据上的所有信息均无误之后，需要签署一张收据。收据所打印的内容之一是客户的汇款监控号码（MTCN）。客户可使用MTCN联机（在网上）跟踪汇款的状态。

（4）通知收汇人。Western Union与收汇人取得联系，将一些必要信息告诉收汇人，如汇款人姓名、汇款金额、汇款监控号码（MTCN）和汇款国家或地区。如果是第一次使用直接发汇至中国的银行卡账户的服务，请注意，收汇人应在中国北京时间早8：00至晚8：00之间拨打中国服务800热线。

通知收款时，需核实如下信息。

① 收款人的中文名字和汇款监控号码（MTCN）。

② 收汇人的有效身份证号码。

③ 收汇银行名称和银行卡账号。

收汇人若不是第一次使用直接到账汇款IS务，则不需要再拨打中国服务热线核实必要信息。但如果收汇人的必要信息有所改变（如汇款至同一银行的另一银行卡账户），则需要拨打中国服务热线，核实其必要信息。

（5）跟踪汇款。单击Western Union网站主页上的“跟踪”链接，然后可通过输入客户姓名的拼音（汇款人姓名）和汇款监控码（MTCN）来跟踪汇款的状态。

（6）检查汇款的状态。可以拨打所属区域的热线电话来了解汇款状态。

2. 取款

（1）确认款项。在前往Western Union的合作网点之前，请确保汇款已经可以提取。可以直接联系汇款人进行确认，也可在网上跟踪汇款状态。

直接到账汇款务核实如下信息：收汇人的中文名字，汇款监控号码（MTCN），收汇人的有效身份证号码，收汇银行名称和银行卡账号。

（2）前往合作网点。这时需要确认如下信息：汇款人的姓名、汇款国家/地区、汇款金额、汇款监控号码（MTCN）和身份证。

（3）填写表单。只需填写该表单并向Western Union的合作伙伴提供汇款监控号码（MTCN）和身份证。

（4）签署收据。客户需要签收一张收据：阅读其全部内容后在上面签名。

（5）取款。Western Union的合作伙伴随后会将款额连同收据一同交给您，交易完成。

三、其他国外平台跨境电子商务支付与结算分析

（一）Web Money

Web Money（WM）是由成立于1998年的Web Money Transfer Techology公司开发的一种在线电子商务支付系统其支付系统可以在包括中国在内的全球70个国家和地区使用。

1．Web Money特点

（1）安全性。转账需要手机短信验证、异地登录IP保护等多重保护功能。

（2）迅速性。即时到账。

（3）稳定性。俄罗斯最主流的电子支付方式之一，在俄罗斯各大银行均可自主充值取款。

（4）国际性。人人都能在网上匿名免费开户，可以零资金运行。

（5）方便性。只需要知道对方的账号即可转账汇款。

（6）隐私性。匿名申请，隐私保护。

（7）通用性。全球许多外汇、投资类站点、购物网站都接受Web Money收付款。

2．Web Money费率

WMID下不同钱包之间转账收取0.8%的手续费，由付款方支付，具体如下。

（1）WMZ（美元），收取0.8%转账手续费，最低0.01WMZ，最多50WMZ。

（2）WME（欧元），收取0.8%转账手续费，最低0.01WME，最多50WME。

（3）WMR（卢布），收取0.8%转账手续费，最低0.01WMR，最多1500WMR。

（4）WMG（黄金），收取0.8%转账手续费，最低0.01克，最多2克。

还有其他一些账户，如WMU、WMB、WMY、WMV等。

3. Web Money支付

Web Money支付介绍见表5-1。

表5-1 Web Money支付介绍

项目	介绍
交易币种	欧元、美元、人民币
交易限制	没有限制
支付特点	适用范围广；可线上线下付款，手续费低；无拒付，实时到账
支付流程	使用Web Money付款，只需要简单的4个步骤：第1步：网站选择Web Money支付方式，单击“支付”按钮；第2步：通过自助服务终端或在线上支付；第3步：确认支付完成；第4步：返回网站，交易完成
Tips	Web Money是在俄罗斯及独联体国家备受欢迎的支付系统之一。Web Money电子钱包的特点是其高度的保障水平和支付安全性

（二）QIWI Wallet

QIWI是俄罗斯最大的支付服务商之一。俄罗斯互联网集团Mail.ru于2007年共同创立QIWI。QIWI在欧洲、亚洲、非洲和美洲的22个国家和地区开展业务。QIWI的成功之处在于结合了当地人偏爱使用现金消费的习惯和只有5%的消费者拥有银行账户的现状。

QIWI在俄罗斯运营着包括15万支付终端的巨型网络，涉及中国、巴西、印度、罗马尼亚、南非和其他许多国家和地区。通过这些终端，用户可以为移动运营商预付话费、偿还账单和贷款、购买线上游戏积点等。QIWI Wallet是俄罗斯最大的第三方支付工具之一，其服务类似于支付宝，系统使客户能够快速、方便地在线支付水电费、手机话费、上网、网上购物和银行贷款。

1. QIWI Wallet的特点

（1）无退款、拒付和伪冒，100%保证交易安全。

（2）无交易保证金。

（3）实时付款，实时收款。

（4）支持线上线下付款。

（5）无开户费、月费、单笔交易手续费。

（6）用户使用QIWI Wallet支付完全免费。

（7）拥有便利的自助支付终端，代理及网络范围广。

2. QIWI Wallet支付

QIWI Wallet支付介绍见表5-2。

表5-2　QIWI Wallet支付介绍

项目	介绍
交易币种	欧元、美元、人民币
交易限制	单笔15000卢布，每月600000卢布
支付特点	无须保证金，无拒付，操作流程简便，目标群使用率高
支付流程	使用QIWI Wallet付款，只需要简单的4个步骤。第1步：网站选择QIWI Wallet支付方式，单击“支付”按钮；第2步：通过自助服务终端或在线上支付；第3步：确认支付完成；第4步：返回网站，交易完成

（三）Boleto

1. Boleto概况

Boleto的全称是Boleto Bancario，是受巴西中央银行监管的巴西官方的一种支付方式，每年大约有20亿笔交易，其中30%的交易来自在线交易。由于在巴西申请可用于跨境交易的信用卡很困难，加上Boleto通常是公司及政府部门唯一支持的支付方式，所以可以说Boleto是跨境电子商务打通巴西支付的不二选择。国内对巴西跨境电子商务基本都支持Boleto支付。

由于巴西政府对于本国信用卡的限制，只有2%的信用卡可以用于跨境支付，而巴西本土发行的信用卡也只能在巴西境内使用，再加上77%的巴西人非常担心信用卡信息泄露和欺诈风险，所以很多人会选择使用Boleto支付。它是巴西银行联合发行的一种支付方式，没有信用卡和银行账户的人也可以使用。巴西买家在网站下了单之后需要打印一份支付账单，在3～5天之内到银行、ATM、便利店、彩票网点或网上银行等进行支付。

2. Boleto特点

（1）一旦付款，不会产生拒付订单和伪造订单，保证了商家的交易安全。

（2）支持线上线下付款，消费者需在网上打印付款单并通过网上银行、线下银行或其他指定网点进行付款。

（3）单笔支付限额为3000美元，月累计支付不超过3000美元。

（4）不是网上实时付款，消费者可以在1～3天内付款，各个银行需要1～3个工作日完成数据交换，所以每笔交易一般需2～7天才能支付完成。

3. Boleto费率

Boleto交易费用便宜，PayPal对中国商家的费率是4.3%+0.3美元，另外还有每笔30美元的提现费用，而Boleto一般低于4%。

4. Boleto支付

Boleto支付介绍见表5-3。

表5-3　Boleto支付介绍

项目	介绍
交易币种	美元
交易限制	单笔1～3000美元；每月不超过3000美元
支付特点	无须保证金，无拒付，不是实时交易，操作流程简便，目标群使用率高
支付流程	用Boleto付款，只需要简单的4个步骤：第1步：网站选择Boleto为支付方式；第2步：消费者需在网上打印付款单并通过网上银行、线下银行或其他指定网点进行付款；第3步：Boleto确定转账完成；第4步：返回网站，交易完成
说明	Boleto可以说是一种现金支付，买家需要在线打印一发票，而发票中有收款人、付款人信息及付款金额等。付款人可以打印发票后去银行或邮局网点以及一些药店、超级市场等完成付款，另外也可以通过网上银行完成付款

第三节　跨境电子商务支付与结算金融分析

一、跨境电子商务支付与结算金融

（一）跨境金融的定义

广义的跨境金融指的是国家和地区之间由于经济、政治、文化等联系而产生的货币资金周转和运动。狭义的跨境金融指的是因互联网兴起的，由跨境电子商务平台、跨境电子商务支付方式相联系而产生的跨境货币资金的周转和运动。

跨境金融由跨境收支、跨境汇兑、跨境结算、跨境信用、跨境投资和跨境货币体系构成，它们之间相互影响，相互制约。譬如，跨境收支必然产生跨境汇兑和跨境结算；跨境汇兑中的货币汇率对跨境收支又有重大影响。

（二）我国跨境金融的形势

随着全球经济一体化的进一步强化、自由贸易试验区的设立、企业和个人走出国门欲望的日益强烈以及互联网跨境电子商务业务的蓬勃发展，人们对跨境金融的关注和需求越来越大。

一般而言，跨境金融是包括跨境投资、跨境贸易支付与结算、跨境理财等在内综合性的金融业务，以下从对公和对私两方面来介绍目前我国跨境金融的形势。

对公业务，即针对企业提供的跨境金融业务。自2000年国家正式提出“走出去”战略开始，不少中国企业已成功走出国门，成为具有世界影响力的跨国企业以及最近几年跨境电子商务的兴起，跨境金融在其中功不可没。但是，当前中国企业“走出去”的程度远远不如发达国家，若想成为具有世界水平的跨国公司还有很长的路要走。这一过程中，创新的跨境金融业务、跨境金融服务，能为企业更好地“走出去”提供支撑。

对私业务，即针对中高端客户的跨境理财投资需求和更加大众化的跨境留学、跨境旅游等需求提供的服务。零售业务领域里的跨境金融业务，过去主要是针对高端客户的跨境财富管理服务的，为高净值人士提供海外移民、海外投资、海外置业等跨境业务，只有少数群体才能享受。当前出境旅游、出国留学等热潮持续红火，个人跨境电子商务业务持续开展，各种跨境金融国际化产品不断涌入国内。跨境金融业务需求的主体亦呈现出越来越大众化的趋势。

首先，从整体情况看，国内金融机构的海外机构较少且布局不均，跨境金融服务体系不完善，服务水平落后于企业“走出去”的步伐；其次，国内跨境金融服务提供商提供的跨境金融服务主要是国际贸易结算、跨境汇兑等，而欧美国家不仅为企业提供跨境融资安排、全球资金调拨、外汇交易、现金管理，还为企业提供跨境金融咨询、杠杆收购、保险等一系列服务。

因此，国内跨境金融服务企业应及时进行战略调整，扩大跨境金融业务范围，创新跨境金融产品，努力培养相关专业人员，跟上企业“走出去”的步伐，满足越来越广泛的跨境金融业务需求。

二、跨境电子商务支付与结算金融因素分析

（一）跨境电子商务支付许可

1. 跨境电子商务支付许可的定义

国家外汇管理局于2015年颁布的《支付机构跨境外汇支付业务试点指导意见》指出，支付机构跨境电子商务支付业务是指国家外汇管理局许可支付机构通过银行为电子商务（货物贸易或服务贸易）交易双方提供跨境互联网支付所涉的外汇资金集中收付及相关结售汇服务。

跨境电子商务支付机构办理“贸易外汇收支企业名录”登记后可试点开办跨境电子商务外汇支付业务。支付机构申请“贸易外汇收支企业名录”登记，应符合下述条件。

（1）具有中国人民银行颁发的《支付业务许可证》，许可业务范围应包括互联网支付。

（2）近2年内无重大违反人民币及外汇管理规定的行为。

（3）有完备的组织机构设置、业务流程规定、风险管理制度。

（4）具备采集并保留交易信息数据的技术条件，并能保障交易的真实性、安全性。

2. 申请跨境支付牌照的条件

跨境支付牌照是由国家外汇管理局发放给支付机构的一种凭证。申请跨境支付牌照的第三方支付机构需要满足以下几个条件才具备申请的资格。

（1）在中华人民共和国境内依法设立的有限责任公司或股份有限公司，而且是非金融机构法人。

（2）具有符合规定的注册资本最低限额，符合办法规定的出资人。

（3）有5名以上熟悉支付业务的高级管理人员。

（4）有符合要求的支付业务设施。

（5）有符合相关要求的反洗钱措施。

（6）有健全的组织机构和内部控制制度及相应的风险管理措施。

（7）有符合要求的营业场所和安全保障措施。

（8）申请人和高级管理人员在最近3年内没有因为利用支付业务实施违法犯罪活动，或因违法犯罪活动办理支付业务等受到过惩罚。

满足以上条件的第三方支付机构经过所在地中国人民银行分支机构整合之后，可以报中国人民银行批准。

（二）汇率

1. 汇率的定义

汇率（又称外汇利率，外汇汇率或外汇行市）是指两种货币之间的兑换比率，也可视为一种货币对另一种货币的价值。汇率会因为利率、通货膨胀和每个国家（或地区）的经济等原因而变动。

2. 汇率变动对跨境电子商务的影响

自2017年以来，人民币累积升值了将近5%，汇率变动对跨境电子商务的主要影响是利润空间压缩。由于跨境出口电子商务很多是以美元计价，再结汇成人民币的，原本整个行业的净利率只有5%～15%，人民币升值对跨境出口企业来说影响确实不小。

人民币升值对跨境出口企业直接的影响是利润空间压缩，但这背后涉及跨境出口电子商务产品议价、外汇结算方式、外汇风险管理、采销模式等因素。

目前，跨境出口企业在境外市场主要以多品类拼价格的覆盖模式，赚的是差价，并没有很强的品牌影响力和供应链管理能力，导致了对终端零售的议价能力较弱，人民币升值的情况下，也不敢轻易提价，利润空间自然被压缩。

另一个导致跨境电子商务企业容易受人民币汇率波动影响的原因是跨境电子商务目前大部分是单向资金流采购。例如，跨境出口企业环球易购是主做出口业务，境内用人民币采购，境外用外币收款，这就导致了境外子公司收到的外币除了支付一些本地物流、营销、人员管理等成本之后，要快速转移回境内，用于支付采购和各种费用。

在这种模式中，外币资金在结汇过程中不可避免地受到汇率波动的影响。假如跨境出口企业可以选择一些境外供应商，用外币支付采购费用的话，那么人民币汇率波动的影响可以大大减少。像通拓、有棵树等涉及跨境进出口业务的企业在人民币升值的过程中，受到的影响会比只做出口业务的企业小一些。

3. 积极应对

跨境电子商务收款以亚马逊收款为例，目前亚马逊美国站官方支持的收款方式有三大类：第三方收款工具卡（如WorldFirst）、中国香港地区的银行账户和美国银行账户。

在人民币升值的情况下，对不同收款方式的选择及操作使用显得更为重要。例如，近期对资金需求比较多而且收款时限要求严格的企业，可以选第三方收款工具进行结汇（World First在结汇时效和综合费率方面在业界均处于领先水平），而暂时资金需求不是很多，且有美国银行账户的企业可以选择延迟结汇，将美元资金用于支付境外营销推广、物流仓储、人员管理等的费用。

随着跨境出口企业在境外市场的不断拓展，以前只有大型跨国企业才会重视的外汇风险管理逐渐成为跨境出口企业关注的重点。在人民币汇率时有波动的情况下，做好外汇风险管理将会成为跨境电子商务企业的必修课。

作为跨境出口企业，在做好用户体验升级的同时，要积极适应并掌握在汇率波动下多样化的风险规避手段，提升企业经营效率。

跨境电子商务不应该只是价格战，还需要从各方面提升自己的综合竞争能力，这样才能有效减少汇率变动对自身的影响。同时，国家政策的制度支持对跨境电子商务企业也是颇为重要的，具体如下。

（1）能力建设。数字化转型包括技术和商业模式的不断迭代创新，甚至出现了颠覆性的变化，这对企业管理者和员工的认识及能力提出了更高要求。

（2）基础设施建设。当前跨境电子商务的目标市场正在从欧美发达经济体向更多发展中国家扩大，而后者的互联网、电信基础设施的不完善以及物流、支付体系的不健全，对电子商务企业的业务拓展形成障碍。

（3）政策。政策变化给跨境电子商务企业造成了很大的困惑。当前，欧盟国家、俄罗斯、澳大利亚等都在调整跨境电子商务政策，企业须紧跟政策变化。

总之，只有跨境电子商务相关各方一起努力，积极应对汇率波动，才能减少汇率变动对各方的影响。

（三）外汇管制

1. 外汇管制的定义

外汇管制是指一国（或地区）为平衡国际收支和维持本国（或地区）货币汇率而对外汇进出实行的限制性措施。

2. 外汇管制的弊端

（1）破坏国际分工，阻碍国际贸易的发展。

（2）破坏外汇市场机制，限制市场调节作用的发挥。

（3）手续繁多，交易成本上升。

（4）不利于平衡外汇收支和稳定汇率。

（5）价格机制失调，资源难以合理配置。

我国作为一个外汇管制国家，根据外汇管理局的《个人外汇管理办法》规定，境内公民个人结汇，每人每年的额度是等值50000美元。然而，对于跨境电子商务企业来说，这可谓是一大难题。跨境电子商务主要是B2C贸易，物流通常通过快递，不像传统B2B可以通过公司收款结汇，于是很多跨境电子商务企业为了结汇，经常由财务带上全公司数十张个人身份证，通过透支每人5万美元额度的方法进行结汇，相对麻烦。但是，根据外汇管理新规，个人为了规避汇、结汇额度真实性管理，两次出借本人额度协助他人，或直接借用他人额度购结汇的，外管局会对这些人实施“关注名单”管理，列入“关注名单”的当年及之后连续2年，不再享有5万美元额度的便利化措施，情节严重的会处以罚款，甚至可能会被移送司法机关。所以，以后不管是亲戚朋友，还是员工，可能都不敢再将身份证借出去帮别人或者公司结汇了。这样一来，对于跨境电子商务企业来说，结汇又变成一个迫在眉睫的问题。

针对这样的现实情况，国内出现了连连支付、PingPong等经过国家外汇管理局、中国人民银行批准试点的合法合规的大型跨境电子商务支付与结算企业，帮助跨境电子商务企业进行大额收付款及结汇。

三、跨境电子商务支付与结算的金融风险及应对

（一）跨境电子商务支付与结算的金融风险

1. 跨境电子商务支付与结算的金融风险的概念

近年来，我国跨境电子商务进出口业务蓬勃发展，交易量连年大幅增长，跨境电子商务支付与结算的损失案例并不少见，其中暴露出的金融风险也越来越多。虽然政府已经出台了不少制度政策来规避跨境电子商务支付与结算的金融风险，但是因为牵涉不同国家（或地区）、不同平台，而且各国（或地区）、各个平台政策也经常改变，跨境电子商务的金融风险始终是跨境电子商务企业要认真对待的课题。

跨境电子商务支付与结算的金融风险是指在跨境电子商务的交易过程中，在跨境电子商务支付与结算的各个环节，存在的汇率变动、外汇管制、支付许可、结汇成本、拒付欺诈、流动性等金融风险，这些金融风险不光对个体企

业产生损失，也对我国跨境电子商务行业，乃至国家进出口贸易都产生较大的影响。

2. 跨境电子商务支付与结算的主要金融风险

（1）汇率变动。汇率变动对跨境电子商务进出口的影响有两面性。比如，人民币对美元贬值，一方面，跨境进口商品的性价比有所下降，跨境进口相关平台如天猫国际、网易考拉海购、京东全球购等平台的销售额会有所下跌；另一方面，对于出口跨境电子商务而言，人民币贬值反而是大好事。主要提供欧美出口的跨境电子商务，一般业务采用美元核算、人民币结算的方式，人民币汇率走低后钱反而更值钱了，跨境电子商务更加有利可图，行业更加具有吸引力。

整体而言，汇率波动对跨境电子商务的影响不容小觑，特别是中小型企业，将会面临价格竞争与汇率波动的双重压力，稍不注意就有可能在市场整合中被淘汰出局。如果一家跨境电子商务企业的净利率在5%～10%，汇率的波动可能吃掉整个企业一年的盈利，甚至可能会导致企业亏损，所以跨境电子商务企业必须进行汇率风险管控。

（2）外汇管制。我国目前的资本项目尚未完全放开，经常项目基本处于可自由兑换状态。但对于个人结售汇实行年度限额管理，个人年度结售汇限额不超过等值5万美元。通过第三方支付机构进行的跨境电子商务支付，境内消费者在完成订单确认后，需要向第三方支付机构付款，再由第三方机构向银行集中购汇，银行再按照第三方支付机构的指令，将资金划入目标账户。一方面，第三方支付机构只能获取交易双方有限的交易信息，如订单号、银行账号等，银行无法获取个人信息，这样就很难执行个人年度结售汇管理政策。另一方面，如何认定分拆结售汇也存在一定困难。从国家外汇管理局前期试点监测情况来看，试点业务多为C2C个人“海淘”等小额交易，人均结售汇金额不足60美元。境内消费者一天之内几次或十几次小额购物，算不算分拆结售汇？对此，很多银行默认了PayPal等支付企业使用虚拟电子账户来识别用户，默认了这些跨境电子商务支付与结算企业帮助跨境电子商务企业和个人规避结售汇限额。

但是，中国人民银行和国家外汇管理局已经意识到这些现象有可能隐藏洗钱和外汇流失等问题，总体的制度设计是包容审慎，但是不排除未来随着跨境电子商务交易规模的扩大，对个人年度结售汇限额进行收紧的可能性。试想如果国家外汇管理局要求严格执行个人年度结售汇限额每年每人为5万美元，如果一个跨境电子商务企业一年的销售额达到1000万美元，那将对跨境电子商务企业产生非常大的影响。

（3）支付许可。虽然国内外有很多的跨境电子商务支付与结算企业获得了本国、外国的支付牌照，但是随着行业的发展以及各国（或地区）政治经济环境的变化，这些跨境电子商务支付与结算企业的支付许可也有可能重新洗牌。届时，跨境电子商务企业跨境电子商务支付与结算环节必然发生相应的改变。

（4）结汇成本。结汇成本在排除汇率波动的成本后，还包括结算平台手续费和结算的时间成本。纵观目前专做支付或结汇的主要平台，虽然已经有如连连支付、PingPong这样的企业提供高效、廉价的结算服务，但是整个行业的平均结汇手续费还是会超过1%。这使跨境电子商务企业的利润率也大幅降低。

（5）拒付欺诈。与传统外贸相比，跨境电子商务给广大中小型企业提供了很多商机和便利，商家可以足不出户便把产品销往世界各地。然而，随着电子商务的发展和成熟，网上交易欺诈也偶有出现，给一些卖家带来一定的困扰。根据国际惯例以及Visa、Master Card等卡组织的规定，在使用国际信用卡进行网上支付时，如果在交易过程中出现问题，180天之内持卡人都可以提起拒付（Chargeback，CB）。某种情况下，买家提起的恶意拒付会给卖家造成经济损失，即使电子商务平台帮助卖家向卡组织进行申诉，但由于交易时间较久远，有可能物流方已没有订单跟踪信息，这样也会导致卖家败诉。

（6）流动性。跨境电子商务支付结算会伴随资金到账的时间问题，一般资金不能立即到账，需要经过结算银行购汇或结汇支付，一般支付平台完成交易资金清算常需要7～10天。这可能会导致企业的资金周转出现问题。比如，企业需要交易所得的货款来支付职工工资、生产产品、购买原材料等，但是由于资金在支付过程中停滞了一段时间，那么就会造成企业的经营周转出现问题，造成了企业经营的流动性风险。

（二）跨境电子商务支付与结算金融风险的应对措施

针对跨境电子商务支付与结算的一系列风险，企业以及第三方支付平台可以采取以下措施来防范风险。

1. 汇率风险

对于汇率风险，跨境电子商务企业可以通过密切关注汇率变动、适当提高产品售价、适当储备美元等方式来应对，主要还是靠跨境电子商务企业树立品牌、保障产品质量来抵御，因为汇率波动不受个体企业的控制，跨境电子商务企业主要还是靠自身挖掘潜力，修炼内功。

2. 外汇管制风险

对于外汇管制风险，因为当前我国对跨境电子商务的包容审慎态度，所以暂时还不会出台过分收紧的政策，中小型企业仍然可以通过多个个人账户或部分银行的支持政策规避。

3. 支付许可风险

对于支付许可风险，虽然部分跨境电子商务支付与结算企业获得了国家的认可和支持，但是因为其中隐藏的风险因素，相关部门仍然有可能对相关跨境电子商务支付行业进行整理整顿。尤其是对于业务增长比较迅速的跨境电子商务企业来说，开立境外账户仍然是一种性价比不高但至少合法合规的做法。

4. 结汇成本风险

对于结汇成本风险，除了汇率损失以外，结汇成本还包括结汇手续费等。因为各个跨境电子商务企业和跨境电子商务支付与结算企业之间复杂的竞争合作关系，跨境电子商务企业和跨境电子商务支付与结算企业之间往往关系微妙，收款和结汇等成本也随之波动。对于结汇成本，此处建议用户在绑定收款和结汇工具时，考虑其与所在平台之间的关系以及该跨境电子商务支付与结算公司本身的规模大小，如果该跨境电子商务支付与结算公司与所在跨境电子商务平台之间是从属或者密切合作关系，且本身规模和影响力较大，则可以考虑用此方式收款、结汇。

5. 拒付欺诈风险

对于拒付欺诈风险，目前有效的做法是购买拒付欺诈险等保险。例如，近日，敦煌网“拒付欺诈货物损失保障”服务正式上线，降低了卖家因买家拒付欺诈带来的风险。购买拒付欺诈保障服务的卖家，在出现买家恶意拒付欺诈情况时，将得到一定比例的保险补偿，其过程是发卡行或卡组织将付款撤单消息反馈给敦煌网平台，然后敦煌网平台在一周内对卖家进行补偿，并建立不良买家黑名单。

6. 流动性风险

对于流动性风险，可以用加入提前收款计划、获得跨境电子商务平台或银行贷款等方式加以规避。比如，速卖通卖家在满足一定的运营条件后，可以申请加入提前收款计划，提前获得货款。另外，不少跨境电子商务平台都为卖家提供信用贷款，基于卖家最近一年的销售数据，给予年销售额10%左右的信用贷款。卖家个人或企业也能从部分银行获得信用贷款额度，这对流动资金也是很好的补充。

参考文献

［1］胡雨. 探索与发展 跨境电商理论与实务研究［M］. 北京：中国商务出版社，2019.

［2］井然哲. 跨境电子商务导论［M］. 上海：格致出版社，上海人民出版社，2019.

［3］周广澜，苏为华，谭娟娟. 跨境电商［M］. 杭州：浙江工商大学出版社，2020.

［4］戴小红，吕希. 跨境电商物流实务［M］. 杭州：浙江大学出版社，2020.

［5］王军海.跨境电子商务支付与结算［M］. 北京：人民邮电出版社，2018.

［6］杜洁. 跨境电商运营与管理研究［M］. 延吉：延边大学出版社，2019.

［7］刘钧炎. 跨境电商实务［M］. 北京：中国轻工业出版社，2020.

［8］杨经葵. 跨境电商创业实务［M］. 长沙：湖南大学出版社，2020.

［9］黄仕靖，曹红梅. 跨境电商实务［M］. 北京：北京理工大学出版社，2019.

［10］龚文龙，王宇佳. 跨境电商实务［M］. 杭州：浙江大学出版社，2019.

［11］周志丹，徐方. 跨境电商概论［M］. 北京：机械工业出版社，2019.

［12］刘铁. 跨境电商基础与实务［M］. 武汉：华中科技大学出版社，2019.

［13］柯丽敏. 跨境电商理论与实务［M］. 北京：中国海关出版社，2019.

［14］夏榕，明延栋，饶国华. 跨境电商基础［M］. 济南：山东大学出版社，2019.

［15］马述忠，卢传胜，丁红朝，等. 跨境电商理论与实务［M］. 杭州：浙江大学出版社，2018.

［16］华树春，李玲. 跨境电商概论［M］. 北京：中国海关出版社，2018.